3.-7. Schuljahr

Ulla Piotrowski

Hans-Peter Pauly

Lernwerkstatt Ernährung in der Schule

Infotexte / Aufgaben / Diskussionen
Sinnerfassendes Lesen / Mit Lösungen

Lernen mit Erfolg
KOHL VERLAG
Der Verlag mit dem Baum
www.kohlverlag.de

Lernwerkstatt „Ernährung in der Schule“

1. Auflage 2014

Inhalt: Hans-Peter Pauly
Coverbilder: © HP_Photo, Seite3, M.Studio & ChristArt - fotolia.com
Redaktion: Kohl-Verlag
Grafik & Satz: Kohl-Verlag
Druck: Medienzentrum Süd, Köln

Bestell-Nr. 11 499

ISBN: 978-3-95513-081-7

Inhalt

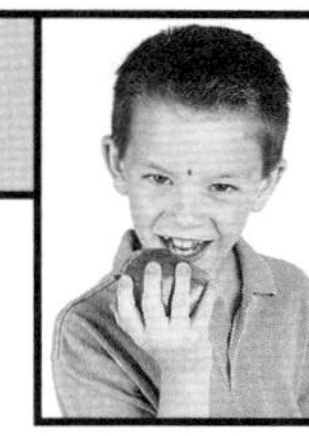

KOHL VERLAG Der Verlag mit dem Baum
Lernwerkstatt
Ernährung in der Schule - Bestell-Nr. 11 499

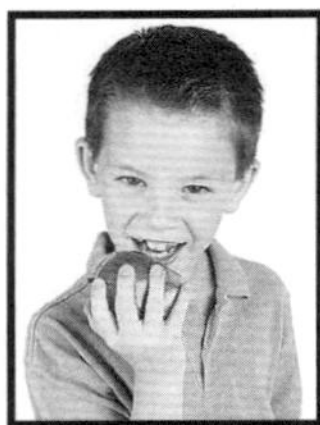

Vorwort

Liebe Kolleginnen und Kollegen,

der Hauswirtschaftsunterricht sollte schon früh beginnen. Es ist wichtig die Schülerinnen und Schüler schon sehr früh an Arbeitsanleitungen und Rezepte zu gewöhnen, da sie später in ihrem Beruf auch oftmals schriftliche Anweisungen erhalten, die sie ausführen müssen.

Ferner sollten die Schülerinnen und Schüler vermehrt an die Teamarbeit herangeführt werden, da es im späteren Berufsleben immer sein kann, dass sie im Team arbeiten müssen.

Es ist ferner wichtig, den Arbeitsplatz immer aufzuräumen und aus hygienischen Gründen stets sauber zu halten. Auch später im Berufsleben müssen die Schüler ihren Arbeitsplatz aufgeräumt und sauber halten und es ist nie zu früh, dies zu lernen!

Die Rezepte aus anderen Ländern sind immer mengenmäßig für 4 Personen ausgelegt. Die Arbeitblätter zu den einzelnen Themen haben meist einen Infoteil und einen Abfrageteil.

Manche Aufgaben eignen sich zum Lernen an der Lerntheke. Der Lehrer muss hier nur Begleiter sein. Es bleibt aber den Lehrerinnen und Lehrern überlassen, welche Aufgaben für ihre Schüler geeignet sind, im Rahmen von Lernstationen präsentiert zu werden.

Viel Freude und Erfolg beim Einsatz dieser Kopiervorlagen wünschen Ihnen der Kohl-Verlag und

Hans-Peter Pauly

<u>Bedeutung der Symbole</u>:

EA **Einzelarbeit**

PA **Partnerarbeit**

GA **Arbeiten in kleinen Gruppen**

GA **Arbeiten mit der ganzen Gruppe**

I. Das gesunde Pausenbrot

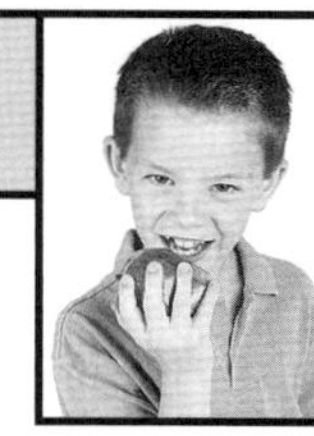

Mit dem Pausenbrot fängt alles an. Viele Menschen kommen ohne Frühstück in Kindergarten, Schule oder zur Arbeit. Und das ist eigentlich nicht gesund. Die Kinder in Schule und Kindergarten sollten fit und aufnahmefähig sein. Dabei spielt ein richtiges Frühstück eine große Rolle. Denn ohne das passende Frühstück sind Körper und Geist nicht richtig leistungsfähig.

Wichtig sind eine große Vielfalt und eine Ausgewogenheit in der Ernährung. Gute Energielieferanten sind Vollkornbrot, Quark, Käse oder Rohkost. Diese Lebensmittel liefern genug Energie für die Anforderungen von Sport und Spiel, weil sie genug Nährstoffe liefern.

Ebenso wichtig wie ein gutes und gesundes Frühstück ist, dass der Körper den Tag über mit ausreichend Flüssigkeit versorgt wird. Während des Tages, egal ob im Unterricht oder in den Pausen, sollte immer ausreichend zu trinken vorhanden sein. Ungesüßter Tee oder Wasser sollten stets zur Verfügung stehen, damit es durch Flüssigkeitsmangel nicht zu einem Leistungsabfall oder Müdigkeit kommt.

Die Nahrungspyramide sagt uns, wie viel wir von den einzelnen Lebensmitteln essen sollten:

Oberste Ebene:

Mit allem wie z.B. Zucker, Butter, Margarine und Süßes sollte immer sehr sparsam umgegangen werden. Beim gesunden Frühstück sollten sie am besten gar nicht verwendet werden.

4. Ebene:

Aus diesem Fach gibt es für ein gesundes Frühstück Milch, Milchprodukte, Fisch, Wurst und Eier. Man sollte hier nicht zu reichlich zulangen und immer auf den Fettgehalt achten.

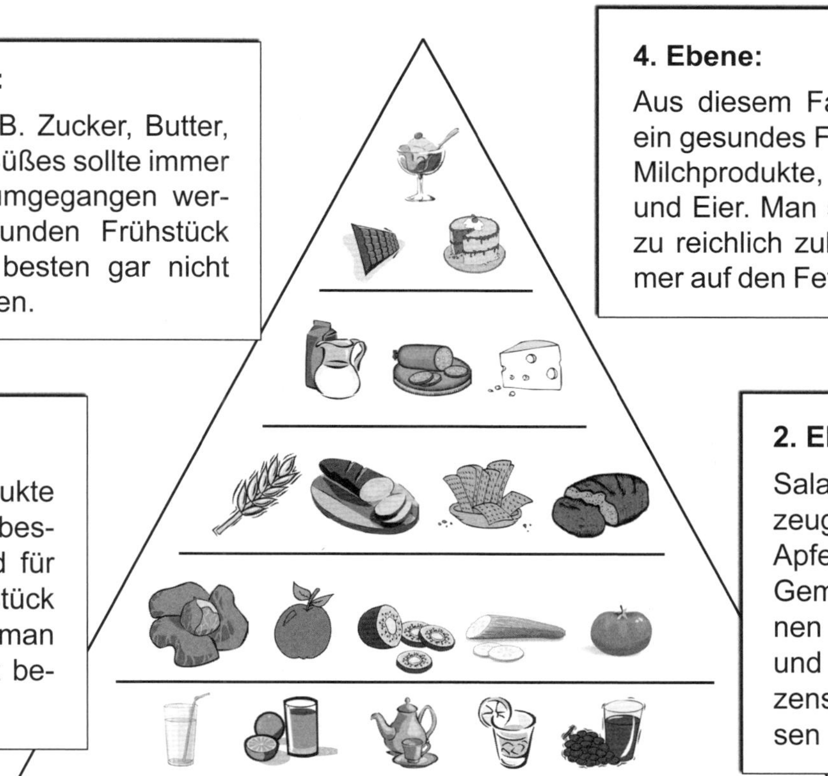

3. Ebene:

Die Getreideprodukte jeglicher Art (am besten Vollkorn) sind für unser Schulfrühstück wichtig. Hier darf man sich nach Appetit bedienen.

2. Ebene:

Salate, Grünzeug, Tomaten, Apfel, Beeren, Gemüse können reichlich und nach Herzenslust gegessen werden.

Unterste Ebene:

Die Basis der Pyramide enthält Wasser, Tees und Fruchtsäfte. Diese können unbedenklich genossen werden. (Achtung Smoothies gehören nicht dazu!)

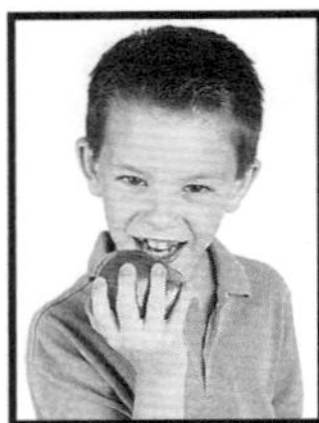

I. Das gesunde Pausenbrot

EA

Aufgabe 1: *Beantworte die Fragen in vollständigen Sätzen.*

a) Wie kommen viele Kinder in die Schule?

____

b) Warum sollten Kinder ihren Schultag immer mit einem Frühstück im Bauch beginnen?

____

c) Was ist das Wichtigste an einem guten Pausenbrot bzw. an einem zweiten Frühstück?

____

d) Welche Nahrungsmittel sind für ein Pausenbrot besonders geeignet?

____

e) Warum liefern die obengenannten Nahrungsmittel genug Energie für einen Schultag?

____

f) Warum ist es so wichtig, dass man immer etwas zu trinken hat?

____

____

EA

Aufgabe 2: *Welche Informationen können wir aus der Nahrungspyramide entnehmen?*

____

____

____

____

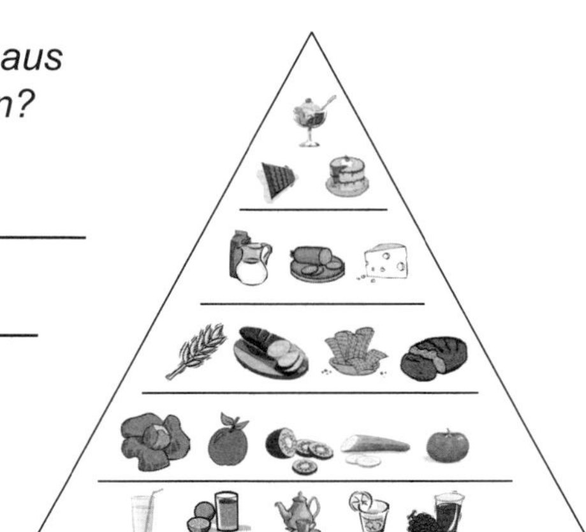

KOHL VERLAG Der Verlag mit dem Baum
Lernwerkstatt Ernährung in der Schule - Bestell-Nr. 11 499

I. Das gesunde Pausenbrot

EA **Aufgabe 3**: *Ordne die 22 Nahrungsmittel in die leere Nahrungspyramide.*

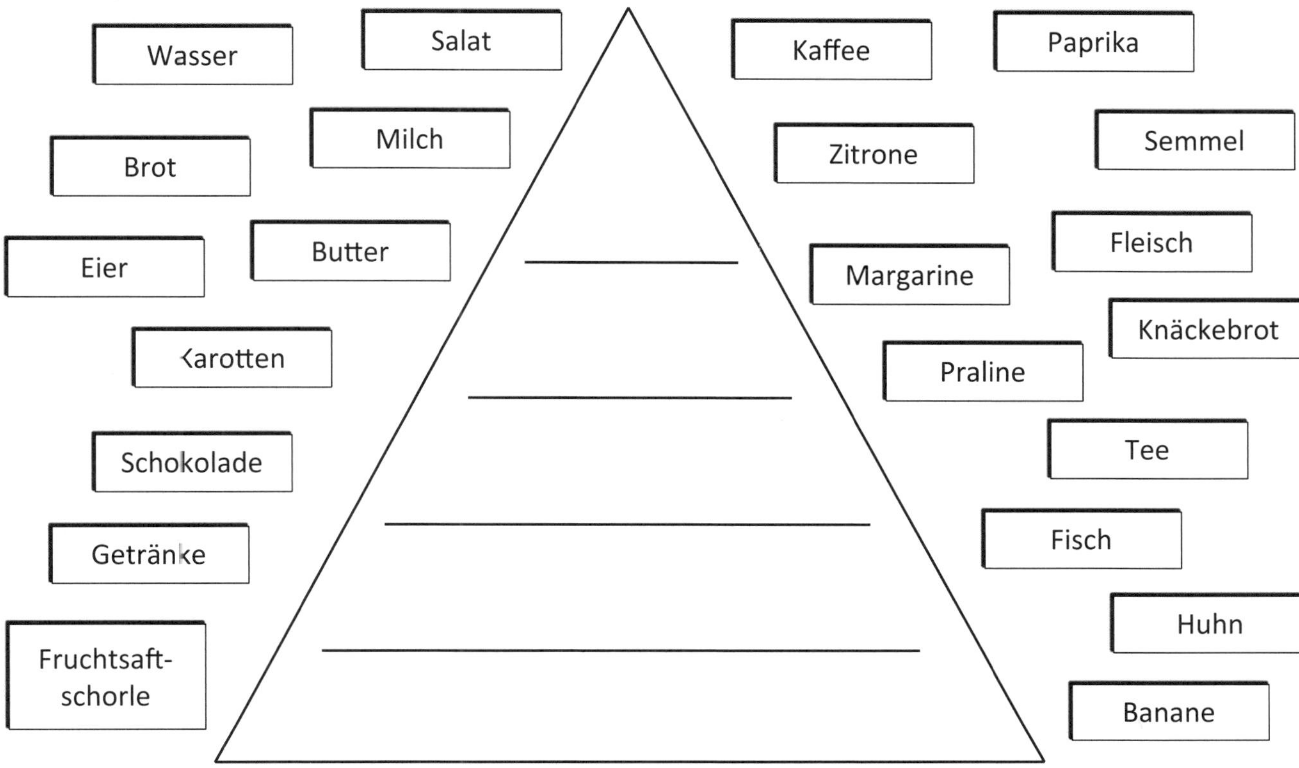

EA **Aufgabe 4**: *Wie sollte man die Lebensmittel der einzelnen Ebenen der Nahrungsmittelpyramide genießen?*

Oberste Ebene: ______________________________

4. Ebene: ______________________________

3. Ebene: ______________________________

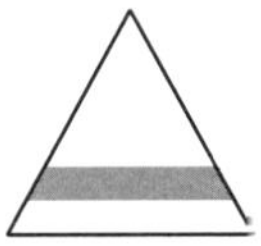

2. Ebene: ______________________________

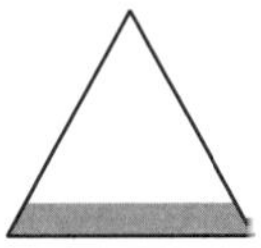

Unterste Ebene: ______________________________

KOHL VERLAG Der Verlag mit dem Baum
Lernwerkstatt Ernährung in der Schule - Bestell-Nr. 11 499

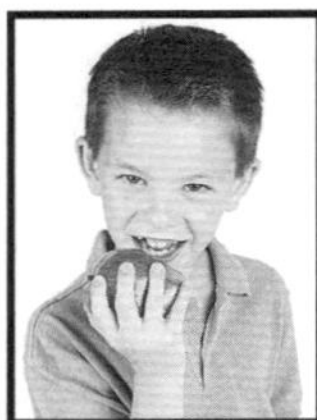

II. Tischsitten

Unter Tischsitten versteht man die Umgangsformen bei Tisch bei der Einnahme von Getränken und Speisen in Gesellschaft anderer. Heutzutage spielen gute Manieren bei Tisch Gott sei dank nicht mehr dieselbe Rolle, wie noch zu Anfang des 19. oder im Laufe des 20. Jahrhunderts. Jede Zeit hatte ihre Besonderheiten bei den Tischsitten. So gehörte es zum Beispiel im Mittelalter zum guten Ton, bei Tisch zu furzen und zu rülpsen, um anzuzeigen, das es einem wirklich geschmeckt hat. Das ist heute mehr als verpönt. Um in der Gesellschaft zu bestehen und um sich so zu benehmen, dass es auch den anderen schmeckt, sind ein paar wichtige Regeln für Tischsitten zu beachten.

Tischsitten heutzutage

1. Gegessen wird erst, wenn alle, die am Essen teilnehmen, am Tisch sitzen.
2. Es wird, wenn auch heute nicht mehr unbedingt üblich, grundsätzlich zum Essen Besteck verwendet.
3. Der Gebrauch des Bestecks sollte immer so sein, dass der Tischnachbar darin keine Gefährdung für sich sieht.
4. Bis auf Brot darf nichts mit der Hand gegessen werden, außer der Gastgeber wünscht es und es gibt Wasserschalen, Tücher oder Zitronen für die Finger.
5. Werden mehrere Gänge gegessen, benutzt man immer das Besteck für die einzelnen Speisen, das am weitesten weg vom Teller liegt. (Faustregel: von außen nach innen)
6. Die Serviette gehört nicht an den Hals oder das Hemd, sondern auf den Schoß.
7. Ellenbogen und Arme gehören beim Essen nicht auf oder unter den Tisch, sondern man darf lediglich seine Handgelenke auf der Tischkante abstützen.
8. Man sitzt aufrecht, das Besteck mit dem Essen wird zum Mund geführt, nicht umgekehrt.
9. Keine übervollen Teller, lieber mehrmals schöpfen. Man sollte grundsätzlich nur so viel auf den Teller tun, wie man auch essen kann. Allerdings gibt es in unserer Übergewichtsgesellschaft auch Ausnahmen und man muss den Teller nicht unbedingt leer essen.
10. Tischgespräche gehören zu einem guten Essen, aber nicht zu laut und nicht mit vollem Mund. Beim Essen darf man nicht lesen, Computer spielen oder telefonieren. Man sollte alles unterlassen, was eine gute Unterhaltung bei Tisch stören könnte.
11. Bei einem offiziellen Essen beginnt der Gastgeber die Mahlzeit, indem er allen einen „Guten Appetit“ wünscht und er beendet sie, wenn alle fertig sind, in dem er sich erhebt.

KOHL VERLAG Der Verlag mit dem Baum

II. Tischsitten

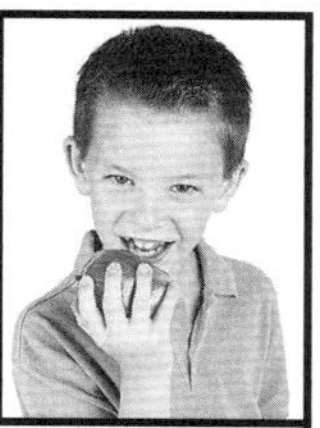

EA

Aufgabe 1: *Lies die verschiedenen Beispiele durch. Setze ein Kreuz, wenn sich die Personen entsprechend der heute bei uns gültigen Tischsitten benehmen.*

a) Danko setzt sich an eine festlich gedeckte Tafel. Er liest die extra schön gestaltete Menükarte und hat aber keine Ahnung, welches Besteck er für was verwenden muss. Da erinnert er sich an eine Regel, die er gehört hat: „Immer von außen nach innen" das Besteck benutzen. ☐

b) Maria findet es cool mit ihrem Smartphone zu telefonieren. Das tut sie bei jeder Gelegenheit. Sie erhält beim Essen mit ihren Freunden einen Anruf und nimmt ihn an. ☐

c) Fred will endlich anfangen zu essen, denn die Suppe dampft schon verführerisch im Suppenteller. Obwohl Annika und Doris noch nicht am Tisch sitzen, fängt er schon mal mit den Worten: „Man kann ja die gute Suppe nicht kalt werden lassen!", an zu löffeln. ☐

d) Gregor hat die Serviette auf dem Schoß und die Handgelenke auf der Tischkante aufgelegt. So harrt er auf die Dinge, die nun kommen mögen. ☐

e) Alina hat Geburtstag. Zu ihrem Ehrentag hat sie ihre Freundinnen eingeladen. Ihre Mutter hat ein großes Essen mit mehreren Gängen gekocht. Als alle um den Tisch herum sitzen, beginnt sie das Essen mit einem „Lasst es euch schmecken!" ☐

f) David hat seinen Teller randvoll geladen und beginnt, nachdem der Gastgeber einen „Guten Appetit" gewünscht hat, zu essen. ☐

g) Patrizia hängt über ihrem Teller. Sie hat heute viel gearbeitet. Sie ist müde und hungrig und zeigt dies auch allen. Der linke Ellenbogen dient als Stütze für ihren Kopf, in der rechten Hand hat sie den Löffel mit dem sie das Essen in den Mund schiebt. ☐

h) Heiko achtet penibel darauf, dass sein Freund Pascal auch ja alles aufisst, was heute auf den Tisch kommt. ☐

i) Daniel hat Hunger. Alle sitzen um den Tisch und warten auf das Essen. Bevor das Essen da ist, bedient er sich mit seinen Händen an dem aufgestellten Brotkörbchen und beginnt zu essen. ☐

j) Christian führt mit seinem Freund Albert, der am anderen Ende des Tisches sitzt eine Unterhaltung über die Vorzüge des Ferraris gegenüber einem Porsche. Er hat gute Argumente, sodass er in seinem Eifer sogar mit vollem Mund weiterredet. ☐

KOHL VERLAG Der Verlag mit dem Baum
Lernwerkstatt Ernährung in der Schule - Bestell-Nr. 11 499

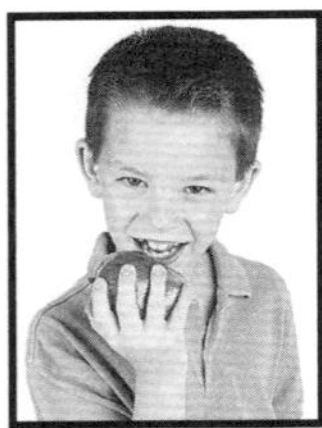

III. Man ist, was man isst!

Essgewohnheiten und Essbedürfnisse

Essgewohnheiten haben sich als sehr stabil erwiesen. Beim Kochen und Essen haben sich Verhaltensmuster über Generationen weitergegeben. Kinder wollen zuerst nichts Bittres oder Saures. Ihr Geschmack ist in den meisten Fällen süß.

Doch mit der Zeit ändert sich das. Mit der Zeit beeinflussen Faktoren wie Umwelt, Familie, Erziehung und Traditionen das Essverhalten des Kindes. Im Kleinkindalter bzw. im Schulkindalter sind die Einflüsse der Familie auf die Essgewohnheiten der Kinder besonders stark. Die Vorbildfunktion der Eltern und Geschwister ist unheimlich prägend.

Kinder müssen von Anfang an gesund ernährt werden. Geschieht dies, so werden sie sich auch später gesund ernähren. Werden in der Familie keine Salate, Gemüse und frisches Obst gegessen, wird das Kind auch später Salat und Gemüse meiden. Kommt statt Vollkornbrot nur Weißbrot auf den Tisch ist davon auszugehen, dass dieses Kind auch später nicht zu Vollkornbrot greifen wird.

Vorlieben, Werteeinstellungen, Freizeitverhalten, Kleidung, Wohnungseinrichtung spiegeln unseren Lebensstil. Lebensstile beeinflussen die Essgewohnheiten und legen den „Esstyp“ fest. Mit dem Fortschreiten der Lebenserfahrung und Reife und unter neuen gesellschaftlichen Entwicklungen können sich auch Lebensstile mit der Zeit verändern.

PA

Aufgabe 1: *Arbeite mit deinem Tischnachbarn. Stellt euch immer abwechselnd die folgenden Fragen zu den Essgewohnheiten in euren Familien. Notiert euch eure Antworten in eurem Heft/Ordner. Vergleicht dann eure Ergebnisse – sind die Essgewohnheiten ähnlich, unterschiedlich oder komplett anders? Vergleicht anschließend mit anderen Paaren in eurer Klasse und diskutiert über die Gründe, warum eure Essgewohnheiten so sind.*

a) Die Eltern und Geschwister sind für einen kleinen Menschen das wichtigste Vorbild. Werden bei euch die Hände gewaschen, bevor man sich zu Tisch setzt? Wird beim Essen geschlungen oder isst deine Familie in Ruhe?

b) Wird vor dem Fernseher gegessen oder läuft das Gerät im Hintergrund?

c) Bedeutet das Essen für dich wirklich Genuss?

d) Findet das Essen in einer guten, fröhlichen bzw. entspannten Atmosphäre statt?

e) Kannst du selbst entscheiden, ob und wie viel du essen möchtest?

f) Ist das Essen ausgewogen? Steht bei euch oft fettreiche Kost oder Süßes auf dem Speiseplan?

g) Darf man bei euch zum Essen trinken und wird bei euch besonders vor dem Essen darauf geachtet, dass nicht zu viel getrunken wird?

h) Viele Menschen benutzen beim Essen unbewusst ihren Hörsinn (knackiges, rohes Gemüse) oder ihren Sinn für Farben (Essen mit verschiedenfarbigen Komponenten, farbiges Getränk). Wird darauf bei euch geachtet?

III. Man ist, was man isst!

Aufgabe 2: *Beantworte die folgenden Fragen in vollständigen Sätzen.*

EA

a) Welchen Geschmack bevorzugen besonders kleine Kinder?

____

b) Was beeinflusst im Kindergarten- und Schulkindalter den Geschmack von Kindern maßgeblich?

____

c) Wie sollten Kinder von Anfang an ernährt werden?

____

d) Was alles kann mit der Zeit das Essverhalten verändern?

____

Aufgabe 3: *Worauf sollte man achten, wenn Kinder mit am Tisch sitzen?*

EA

____

____

Aufgabe 4: *Beschreibe, wie du dir ein ideales Essen vorstellst.*

EA

Das steht auf dem Tisch: ______________________________

____

So sieht der Raum und der gedeckte Tisch aus: ______________________________

____

Diese Personen sind bei meinem idealen Essen dabei: ______________________________

____

So ist die Atmosphäre bei meinem idealen Essen: ______________________________

____

KOHL VERLAG Der Verlag mit dem Baum
Lernwerkstatt Ernährung in der Schule - Bestell-Nr. 11 499

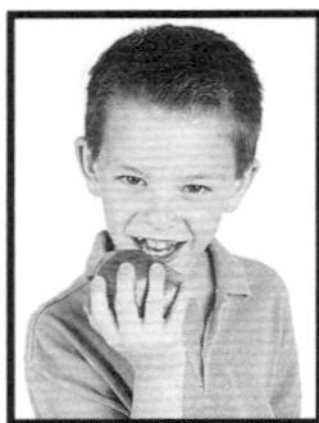

IV. Die verschiedenen Esstypen

Forscher haben herausgefunden, dass man bei Heranwachsenden und Jugendlichen drei verschiedene Esstypen findet. Das ist natürlich nur eine grobe Einteilung. Nicht jeder junge Mensch lässt sich so einfach in eine der Einteilungen unterbringen, aber eine grobe Richtung können die drei verschiedenen Gruppen schon vorgeben.

1. Der Fitness-Fan

Sein größtes Ziel: Fitness

- Er isst nur um gute Leistungen zu bringen.
- Essen und Trinken sind maßgeblich verantwortlich für Erfolg im Leben.
- Gegessen und getrunken wird genau nach Plan.
- Überwiegend gegessen werden Vollkornprodukte, mageres Fleisch, Fisch, Müsli und Obst. Getrunken werden Isodrinks und gelegentlich werden auch mal Vitamintabletten genommen.

2. Der Öko-Fan

Sein größtes Ziel: Gesund und nachhaltig leben

- Er will nachhaltig und genussvoll essen und leben.
- Produkte, die verzehrt werden, müssen aus ökologischem Anbau sein.
- Die Produkte müssen fair gehandelt sein.
- Er bevorzugt gesunde Kost, vor allem viel Obst, Gemüse und Vollkornprodukte.
- Er isst wenig Fleisch aus ökologischem Anbau oder gar kein Fleisch. Fett gibt es nur in Maßen.
- Das Interesse an Herkunft, Inhaltsstoffen und Herstellung von Nahrungsmitteln ist groß.

3. Der Fastfood-Fan

Sein größtes Ziel: Hauptsache Spaß

- Er handelt überwiegend nach dem Lustprinzip.
- Er will schnelles Essen und das möglichst billig.
- Bevorzugte Produkte sind z.B. „Currywurst“, „Yufka“, „Pizza“, „Pommes“ oder süße Riegel.
- Das Essen sollte kross und lecker sein.

KOHL VERLAG Der Verlag mit dem Baum
Lernwerkstatt Ernährung in der Schule - Bestell-Nr. 11 499

IV. Die verschiedenen Esstypen

Hier sind ein paar Aussagen:

- „Essen ist der pure Genuss! Essen passiert so nebenbei!“
- „Keine Experimente beim Essen! Ich schaue drauf, dass ich mich sparsam ernähre!“
- „Wir essen immer dann, wenn wir Hunger haben! Ich esse Alles was mir vorgesetzt wird!“
- „Ich zähle meist die Kalorien! Wir ernähren uns streng biologisch!“
- „Ich geh gern mal zu McDonalds oder Burgerking! Essen darf nicht zu aufwändig sein!“
- „Meistens essen wir vorm Fernseher!“
- „Ich esse immer meinen Teller leer, damit die Sonne scheint!“
- „Wir essen nie mit allen zusammen! Ich esse am liebsten aus der Hand!“
- Mich freut ein schön gedeckter Tisch, denn das Auge isst bekanntlich auch mit ...“

EA

Aufgabe 1: *Beantworte die folgenden Fragen in vollständigen Sätzen.*

a) Welche drei Esstypen gibt es?

____

____

b) Was sind die unterschiedlichen Ziele der drei Esstypen?

____

____

c) Was essen die, bei denen der Spaß das Wichtigste am Essen ist?

____

____

d) Was essen die, denen die Gesundheit besonders wichtig ist?

____

____

e) Was isst die Gruppe, der es um Fitness geht?

____

____

KOHL VERLAG Der Verlag mit dem Baum
Lernwerkstatt Ernährung in der Schule - Bestell-Nr. 11 499

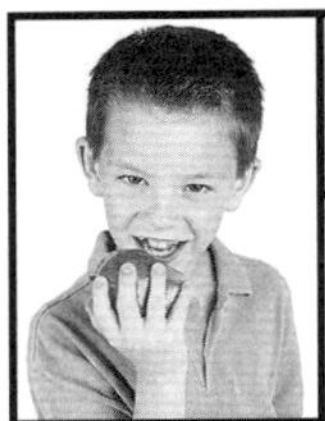

IV. Die verschiedenen Esstypen

f) Welche der gemachten Aussagen trifft auf den „Spaßesser“ zu?

____

____

g) Welche der Aussagen würdest du einem „Ökofan“ zuordnen?

____

____

h) Welche der Aussagen könnte von einem „Fitnessesser“ stammen?

____

____

i) Wie sollte die Ernährung deiner Meinung nach sein?

____

____

EA

Aufgabe 2: *Beantworte in vollständigen Sätzen.*

a) Was isst und trinkst du besonders gerne?

____

____

b) Welchem Esstyp würdest du dich demzufolge zuordnen?

____

____

c) Welche der gemachten Aussagen passt am besten auf dich?

____

____

V. Küchenlatein – ich versteh ja nix!

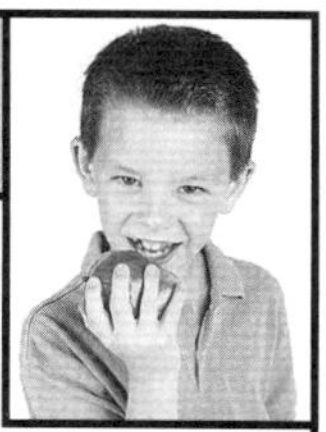

In der Küche spricht man eine eigene Sprache. Diese ist für jemanden, der noch nie mit ihr in Berührung gekommen ist, sehr schwer.

<u>Ausdrücke aus der Küchensprache und ihre Bedeutung:</u>

Blanchieren Man versteht darunter das kurze Überbrühen mit heißem Wasser. Fleisch wird dadurch weißlich, daher die französische Bezeichnung. Heute werden vorwiegend Gemüse und Pilze abgebrüht um die natürlichen Aromen und die wertvollen Inhaltsstoffe zu erhalten.

Gratinieren Bei diesem Verfahren (auch überbacken, überkrusten) genannt, wird durch starke Oberhitze erreicht, dass sich eine braune Kruste auf der Oberfläche der Speisen bildet. Oft reicht ein Backofen mit Oberhitze.

Abseihen Darunter versteht man beim Zubereiten von Speisen das Abgießen des Kochwassers vom Kochgut, sodass Kochgut und Kochwasser getrennt sind. Dies geschieht meist mittels eines Siebs.

Ablöschen Man bezeichnet damit den Vorgang, wenn Flüssigkeit zum Bratensatz kommt, wenn Fleisch oder Gemüse angebraten oder geschmort wurde. Man löst den Bratensatz durch Rühren und Aufkochen. Ablöschen macht man meistens bei Saucen.

Abschmelzen Nennt man in der Küche den Vorgang, wenn an bereits fertiges Kochgut Speisefett oder Butter gegeben wird. Dies geschieht oft wegen des Geschmacks und der fettlöslichen Vitamine *(z.B. in Karotten)*. Oft wird das gemacht, wenn Speisen schon kalt sind und wieder erwärmt werden.

Abschmecken Das letztendliche Verfeinern bzw. Nachwürzen einer Speise vor dem Servieren. Ein Beispiel ist das Zugeben von Sahne, Salz oder Pfeffer zu manchen Speisen, um etwas mehr Geschmack zu geben.

Abschrecken Spezielle Technik um den Garprozess schlagartig zu unterbrechen. Dafür nimmt man Wasser oder Eiswasser.

Ausbacken Dies ist eine dem Braten verwandte Garmethode, bei der (Frittieren) Nahrungsmittel in heißem Fett schwimmend gebacken werden. *(z.B. Pommes, Krapfen usw.)*

KOHL VERLAG Der Verlag mit dem Baum
Lernwerkstatt
Ernährung in der Schule - Bestell-Nr. 11 499

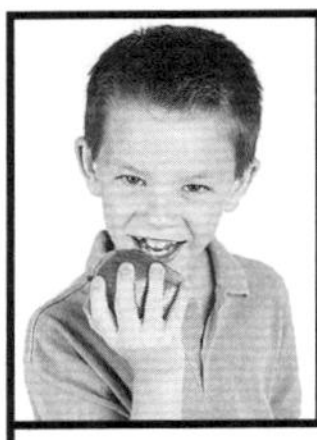

V. Küchenlatein – ich versteh ja nix!

Backen	Dies ist eine Garmethode, bei der das Gargut im Backofen mit heißer Luft bei Temperaturen bis 250° gegart wird.
Marinieren	Darunter versteht man das Einlegen des Bratgutes in eine Marinade, um den Geschmack zu beeinflussen oder um das Lebensmittel haltbarer zu machen.
Braten	Dies ist die älteste Methode ein Bratgut weich zu bekommen. Hierbei wird das Bratgut zunächst stark erhitzt, um es zu bräunen. Wird nach dem Braten noch Wasser oder eine andere Flüssigkeit zugefügt, spricht man vom „Schmoren". 
Dämpfen	Dabei handelt es sich um eine besonders schonende Garmethode mit Wasserdampf bis zu 100° Celsius. Dies eignet sich besonders für Gemüse, zarten Fisch oder zartes Fleisch.
Dünsten	Bei dieser Garmethode werden Lebensmittel unter geringer Zugabe von Wasser, Brühe, Fond und manchmal auch Fett/Öl gegart (Diätkost). Gedünstet werden meist Lebensmittel mit hohem Wassergehalt.
Farce, Füllsel	Hierbei ist nichts anderes gemeint, als Füllung. Zuerst wird klein geschnitten, dann kommt das Ganze in einen Fleischwolf, dann in einen Mörser, ganz feine Farcen kann man noch durch ein Sieb streichen. Man findet sie verstärkt in Pasteten und Geflügel,
Klären	Damit bezeichnet man den Vorgang, bei dem aus Brühen und Saucen die Trübstoffe und andere schwebende nicht erwünschte Bestandteile entfernt werden.
Panieren	Bei diesem Verfahren werden Fisch- oder Fleischstücke mit einer Panade versehen. Üblicherweise werden diese zuerst in Mehl, in einem aufgeschlagenen Ei und in einer Panade (Paniermehl) gewendet und in heißem Fett gebacken.
Tranchieren	Damit meint man in der Küche das fachgerechte Zerlegen von Fleisch, Fisch und Geflügel mit einem Tranchierbesteck, z.B. eine Geflügelschere.

V. Küchenlatein – ich versteh ja nix!

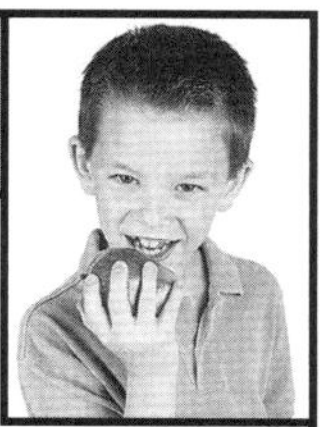

Es gibt in der Küche noch weit mehr Ausdrücke, als die oben genannten. Viele Ausdrücke sind der französischen Sprache entnommen, was nicht verwundert, da die französische Küche im 19. und 20. Jahrhundert führend in Europa war.

EA

Aufgabe 1: *Verbinde zusammengehörende Ausdrücke mit einem Strich.*

01 Farce	**01** Garmethode für Lebensmittel mit hohem Wasseranteil.
02 Klären	**02** Bratgut wird in eine Marinade eingelegt.
03 Frittieren	**03** Zerlegen von Fleisch, Fisch und Geflügel.
04 Legieren	**04** Füllungen für Pasteten, Geflügel und Suppen.
05 Schmoren	**05** Schonende Garmethode mit Wasserdampf bis zu 100° Celsius.
06 Gratinieren	**06** Nachdem die Fleischstücke mit einer Panade versehen sind, werden sie in heißem Fett gebacken.
07 Dünsten	**07** Aus Saucen oder Suppen werden nicht erwünschte Schwebstoffe entfernt.
08 Bardieren	**08** Nachdem das Bratgut gebräunt ist, wird noch eine Flüssigkeit hinzugefügt.
09 Abschrecken	**09** Das Nachwürzen einer Speise vor dem Servieren.
10 Dämpfen	**10** Mit Flüssigkeit wird der Bratensatz gelöst, aufgerührt und aufgekocht.
11 Tranchieren	**11** Das Andicken von Flüssigkeiten.
12 Beizen	**12** Diese Methode verwendet man, um das Austrocknen des Bratguts zu verhindern.
13 Abschmecken	**13** Technik um den Garprozess schlagartig zu unterbinden.
14 Panieren	**14** Nahrungsmittel werden in heißem Fett, schwimmend, gebacken.
15 Ablöschen	**15** Das Überkrusten des Bratgutes.

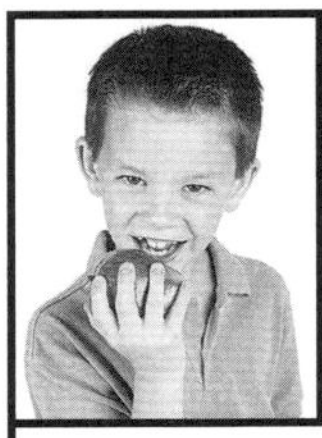

VI. Hygiene beim Kochen und in der Schulküche

Persönliche Hygiene

Hygiene darf nicht im Supermarkt enden. Unsere Lebensmittel sind heute so sicher wie nie zuvor. Damit die Hygiene auch in unserer Schulküche gewährleistet ist, sollten ein paar einfache Dinge beachtet werden. Wir unterscheiden in Persönliche Hygiene und Lebensmittelhygiene.

- Wenn wir in einer Küche arbeiten, egal ob zu Hause oder in der Schule, tragen wir einen sauberen Kittel bzw. eine Schürze.
- Lange Haare müssen zusammengebunden werden. Ideal wäre das Tragen eines Kopftuches oder einer ähnlichen Kopfbedeckung! Wir fassen unsere Haare während des Zubereitens von Nahrungsmitteln keinesfalls mehr an! Sollte es doch geschehen müssen erneut die Hände gewaschen werden!
- Aller Schmuck muss abgelegt werden. Besonders Ringe an den Händen haben beim Kochen nichts zu suchen!
- Vor der Nahrungszubereitung und nach einem Toilettengang unbedingt die Hände waschen!
- Wenn man krank ist oder sich krank fühlt, darf man nicht kochen!
- Der Arbeitsplatz muss immer vor und nach der Zubereitung von Speisen gesäubert werden!
- Falls du Verletzungen an deinen Händen hast, müssen diese vor dem Kochen verbunden, oder mit wasserabweisendem Pflaster verschlossen werden. Alternativ kannst du auch einen Einmalhandschuh aus Latex anziehen.
- Lebensmittel, die für andere bestimmt sind, sollten niemals mit bloßen Fingern angefasst werden!

Lernwerkstatt
Ernährung in der Schule - Bestell-Nr. 11 499

VI. Hygiene beim Kochen und in der Schulküche

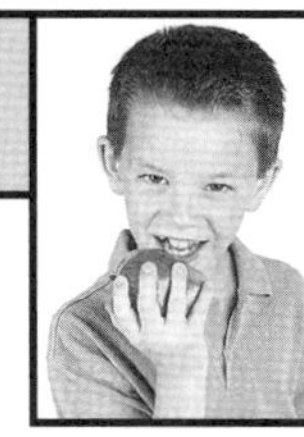

Lebensmittelhygiene

Lebensmittel sind niemals keimfrei. Einerseits enthalten sie erwünschte Bakterien (Milchsäurebakterien, Edelschimmel), andererseits sind Lebensmittel oftmals mit Fäulnisbakterien oder Krankheitserregern (z.B. Salmonellen) verseucht. Durch die nachfolgend beschriebenen Maßnahmen soll verhindert werden, dass es zu einer Lebensmittelinfektion oder einer Lebensmittelvergiftung kommt. Bakterien kann man meist nicht sehen und doch sind sie da. Bakterien können sich bei Zimmertemperatur äußerst schnell vermehren. Manche Schimmelpilze bilden auf Lebensmitteln lebensgefährliche Stoffwechselprodukte.

- Die Lebensmittelhygiene beginnt bereits beim Einkaufen: achte darauf, dass die Lebensmittel ganz sind. Achte besonders darauf, dass rohes Fleisch oder Fisch sowie Tiefkühlprodukte immer gekühlt werden! Kaufe am besten pasteurisierte Lebensmittel, d.h., dass die Lebensmittel durch Kochen haltbar gemacht wurden, denn diese gehen nicht so schnell kaputt.

- Der beste Schutz gegen Bakterien ist Sauberkeit. Deshalb sollten regelmäßig alle Gerätschaften, mit denen man beim Kochen umgeht, wie Schneidebretter, Besteck und natürlich auch die Arbeitsflächen genau gereinigt werden. Küchenutensilien, die beim Kochen in Kontakt mit Fleisch, Fisch, Meerestieren, Eiern, Geflügel oder pflanzlichen Produkten waren, immer heiß mit Spülmittel abbürsten, oder noch besser immer in der Spülmaschine reinigen. Küchentücher nach jedem Kochen in die Waschmaschine und auskochen. Besser Einmal-Papiertücher verwenden.

- Beim Arbeiten mit Lebensmitteln muss man die Übertragung von Bakterien von einem Lebensmittel auf ein anders vermeiden. Dafür muss darauf geachtet werden, dass austretende Flüssigkeiten, wie Auftauwasser oder Saft von rohem Fleisch, Fisch, Eiern oder Meeresfrüchten, nie mit bereits fertigen Speisen in Berührung kommen!

- Zum Probieren der Speisen muss immer ein neuer sauberer Löffel benutzt werden! Halte niemals Speisen über eine längere Zeit warm, denn hier können sich Krankheitskeime explosionsartig vermehren. Wichtig ist auch, dass man alle Speisen gut durchgaren lässt. Wenn dies geschieht, können sich nur schwerlich Krankheitskeime entwickeln. Speisereste gut abdecken und im Kühlschrank immer getrennt voneinander aufbewahren.

- Grundsätzlich werden Geschirrtücher, die im Unterricht benutzt wurden, immer in der Waschmaschine gewaschen.

- Da wir nur saubere Arbeitsgeräte verwenden, müssen die Arbeitsgeräte, aber auch die Arbeitsflächen peinlich sauber sein. Sie werden gut gereinigt und abgetrocknet. Speisereste und Feuchtigkeit sind ein guter Nährboden für Keime. Mit einer Lebensmittelinfektion ist nicht zu spaßen. Manche kann sogar tödlich verlaufen.

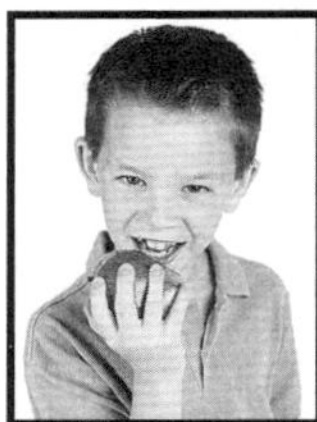

VI. Hygiene beim Kochen und in der Schulküche

EA

Aufgabe 1: *Beantworte die folgenden Fragen in vollständigen Sätzen.*

a) Welche beiden Bereiche der Hygiene sind in der Küche zu beachten?

____

b) Was gehört zum Bereich der persönlichen Hygiene?

____

c) Was gehört zum Bereich der Lebensmittelhygiene?

____

d) Was sollen wir bei der Zubereitung von Nahrungsmitteln tragen bzw. nicht tragen?

____

____

EA

Aufgabe 2: *Fülle den Lückentext aus.*

Wenn ich in der Küche arbeite, darf ich nicht ________________ sein, denn dadurch könnte ich andere anstecken. Meine ________________ darf ich nicht anfassen, deshalb ist es besser ein Kopftuch oder ähnliches zu tragen. Auch wenn ich einer ________________ habe, muss ich mich darum kümmern, indem ich die Wunde wasserdicht verschließe. Damit ich hygienisch arbeiten kann, muss ich die Arbeitsfläche vor und nach der Zubereitung von Essen ________________. Lebensmittel, auf die ich besonders achten muss sind neben rohem Fleisch die ________________. Ich sollte diese Lebensmittel immer ______________. Wenn ich die Speisen probieren möchte, muss ich immer einen sauberen ________________ benutzen! Ich darf Essen, das für andere bestimmt ist, niemals mit den ________________ anfassen.

KOHL VERLAG Der Verlag mit dem Baum
Lernwerkstatt Ernährung in der Schule - Bestell-Nr. 11 499

VI. Hygiene beim Kochen und in der Schulküche

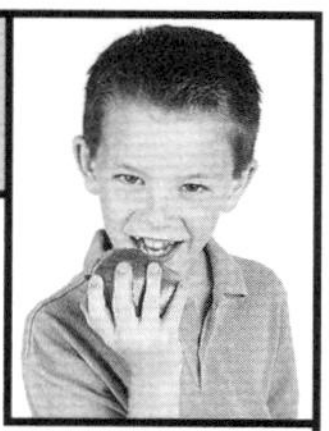

EA

Aufgabe 3: *Kreuze die richtigen Aussagen an.* **X** **Richtig**

a) ☐ Ich muss meine Hände waschen, wenn ich beim Kochen meine Haare angefasst habe.

b) ☐ Ich kann meinen Schmuck anlassen, wenn ich koche.

c) ☐ Wenn ich krank bin, darf ich nicht in der Küche arbeiten.

d) ☐ Wenn ich einen Kratzer an der Hand habe, ist das egal beim Kochen.

e) ☐ Wenn ich Tiefkühlprodukte kaufe, muss ich darauf achten, dass ich sie immer kühle!

f) ☐ Langes Warmhalten von Speisen verhindert die Vermehrung von Bakterien.

g) ☐ Speisereste und Feuchtigkeit sind Nährboden für Keime.

h) ☐ Arbeitshandschuhe aus Latex können auch Verletzungen verschließen.

EA

Aufgabe 4: *Schreibe hier die fünf wichtigsten Regeln noch einmal auf.*

1. ____

____

2. ____

____

3. ____

____

4. ____

____

5. ____

____

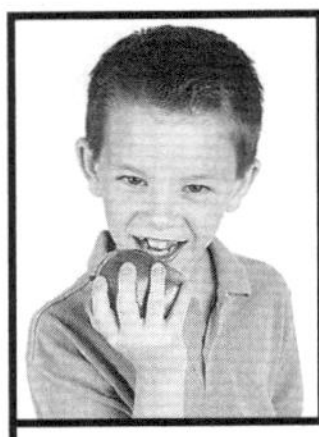

VII. Was sagt die DGE zur idealen Ernährung

Die 10 Regeln der DGE

Man sollte sich vielseitig ernähren. Wir haben in Deutschland eine Vielfalt an Lebensmitteln wie noch nie. Es gibt keine verbotenen Lebensmittel, sondern es kommt immer auf die Menge und Zusammenstellung an.

1. Man sollte mehrmals am Tag Getreideprodukte (Vollkorn) essen, wie Brot, Nudeln und Getreideflocken und reichlich Kartoffeln. Sie enthalten kaum Fett, aber eine Vielzahl von gesunden Vitaminen, Mineralstoffen und Ballaststoffen.

2. Die DGE meint, dass man 5 x am Tag Obst und Gemüse zu sich nehmen soll, um gesund zu bleiben. Das ist bestimmt nicht übertrieben, wenn man sich klar macht wie viele Ballaststoffe, Mineralstoffe und Vitamine wir so zu uns nehmen. Man sollte 5 kleine Portionen Gemüse oder Obst, frisch und wenig gegart den Tag über zu den Hauptmahlzeiten oder als Zwischenmahlzeit essen.

3. Man sollte laut DGE täglich Milch und Milchprodukte und einmal pro Woche Fisch zu sich nehmen. Hingegen bei Fleisch, Wurstwaren und Eier sollte man in Maßen genießen. Milch enthält wertvolle Nährstoffe z.B. Calcium und in Seefisch finden sich die wertvollen Omega-3-Fettsäuren, Jod und Selen. Fleisch enthält zwar die Vitamine B1, B6 und B12, aber auch sehr viel Fett. Deshalb reichen 300g – 600g pro Woche. Nimm deshalb gerade bei Wurst, Fleisch und allen Milchprodukten besonders die fettarmen Produkte.

VII. Was sagt die DGE zur idealen Ernährung

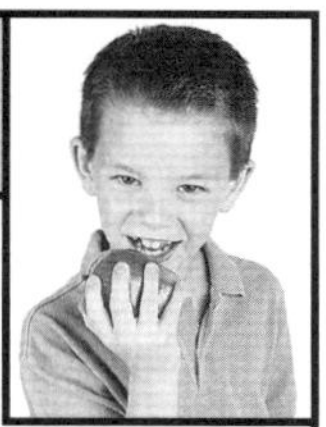

4. Fettreiche Speisen sind zu vermeiden. Fett ist ein Geschmacksträger und schmeckt bekanntlich meist besonders gut. In unserer Nahrung sind viele unsichtbare Fette versteckt (Fleisch, süße Sachen usw.), sodass wir auf die sichtbaren Fette, so gut es geht, verzichten sollten.

5. Zucker und Süßstoff solltet ihr nur gelegentlich genießen. In Getränken und Lebensmitteln wird gerne mit Zucker und Süßstoff gearbeitet. Hände weg, denn Zucker macht fett und Süßstoff im Übermaß macht krank.

6. Auch sollte, wem die Gesundheit wichtig ist, beim Würzen möglichst wenig Salz gebrauchen. Zuviel Salz macht ebenfalls krank. Stattdessen lieber mehr Gewürze und Kräuter verwenden.

7. Auf den Flüssigkeitshaushalt ist in jedem Fall auch zu achten. Wasser ist für alle Lebewesen ungeheuer wichtig. Du solltest täglich etwa 1,5 Liter Flüssigkeit in Form von Wasser, Kräutertees und Saftschorlen zu dir nehmen.

8. Du solltest die Speisen möglichst schonend garen. Kurze Garzeiten, wenig Wasser und Fett, niedrige Temperaturen, um die Nährstoffe zu schonen und den natürlichen Geschmack der Speisen zu erhalten.

9. Genieße Dein Essen und iss bewusst. Nicht schlingen und iss vielseitig, dann wirst du besser satt. Denke dran, auch das Auge isst mit!

10. Mit dem richtigen Gewicht fühlst du dich wohl. Ausgewogen essen und sich viel bewegen sind die Schlüssel für dein Wohlbefinden!

KOHL VERLAG Lernwerkstatt Ernährung in der Schule - Bestell-Nr. 11 499

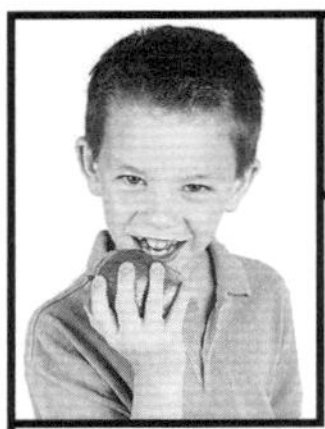

VII. Was sagt die DGE zur idealen Ernährung

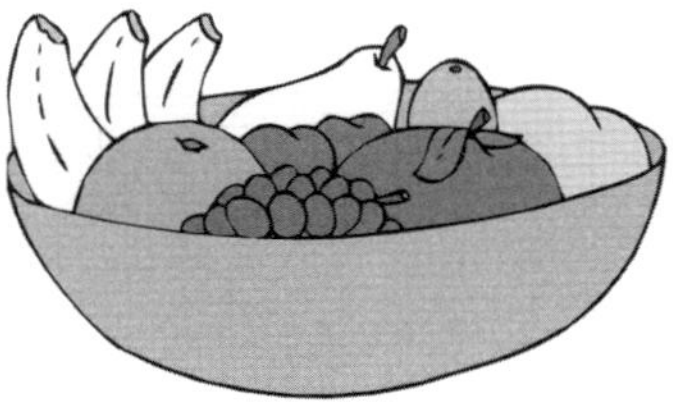

EA

Aufgabe 1: *Beantworte die folgenden Fragen in vollständigen Sätzen.*

a) Welche Lebensmittel sollen jeden Tag mehrmals verzehrt werden?

____

b) Was sollte man gleich 5x am Tag essen?

____

c) Wie sollten wir Obst und Gemüse essen?

____

d) Gibt es Lebensmittel, die wir auf alle Fälle meiden müssen?

____

e) Warum sollen wir mehrmals am Tag Getreideprodukte und Kartoffeln essen?

____

f) Wieviel Liter Flüssigkeit solltest du täglich zu dir nehmen?

____

g) Warum sollte man so gut es geht auf Zucker und Süßstoff verzichten?

____

h) Wie sollst du essen und wer isst auch mit?

____

____

KOHL VERLAG Der Verlag mit dem Baum
Lernwerkstatt Ernährung in der Schule - Bestell-Nr. 11 499

VIII. Wer braucht mehr Energie?

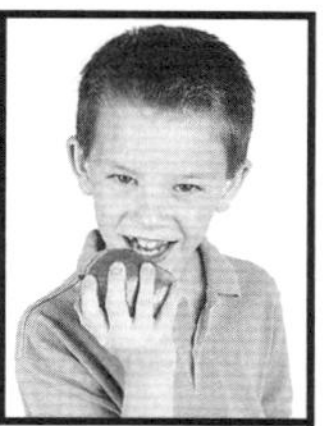

Das mit dem Energiebedarf ist so eine Sache. Es gibt verkürzt 5 Regeln, die ihr euch merken müsst!

- Ein Mensch, der friert hat einen deutlich höheren Energiebedarf, als jemand, der nicht friert. Der Mensch benötigt Wärme, die zur Regulierung seiner Körpertemperatur dient. Jemand, der friert, muss Wärme erzeugen, verbrennt also mehr Kalorien, als jemand der nicht friert.

  Merke: Der Energiebedarf steigt, wenn jemand friert!

- Jemand, der sich viel bewegt, verbraucht eine größere Kalorienmenge, als jemand, der nichts tut. Wer also viel körperliche Bewegung hat, hat einen höheren Energiebedarf.

  Merke: Der Energiebedarf steigt mit körperlicher Bewegung!

- Je älter ein Mensch, desto geringer ist sein Energiebedarf. Der Körper eines jungen Menschen braucht mehr Energie als der Körper eines alten Menschen.

  Merke: Der Energiebedarf sinkt mit zunehmendem Alter!

- Eine Faustregel besagt, dass je größer ein Mensch ist, desto höher ist sein Energiebedarf. Diese Regel widerspricht auf den ersten Blick der vorhergehenden Regel, da ein alter Mensch meist größer ist als ein junger Mensch. Diese Regel gilt besonders für Heranwachsende. Ein 13 Jahre alter Junge hat einen höheren Energiebedarf als ein Junge mit fünf Jahren.

  Merke: Der Energiebedarf steigt mit zunehmender Körpergröße!

- Vergleicht man Mädchen mit Jungen oder Frauen mit Männern, haben die Jungen und Männer in der Regel einen höheren Energieverbrauch als ihre weiblichen Gegenüber.

  Merke: Mädchen und Frauen haben einen deutlich niedrigeren Energiebedarf als Jungen und Männer!

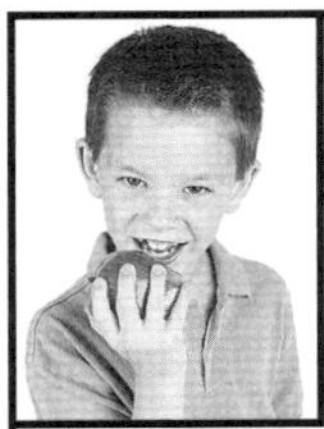

VIII. Wer braucht mehr Energie?

EA

Aufgabe 1: *Bewerte die Fälle, beantworte die Fragen und begründe sie in ganzen Sätzen.*

a) Marvin (14) und Herr Koller (37) sitzen beim Zahnarzt im Wartezimmer. Beide lesen in einer Illustrierten und warten darauf, dass sie drankommen.

Wer hat den höheren Energiebedarf? ______________________________

Warum? ______________________________

____

b) Zwei Mädchen stehen auf einer Wiese. Annika (4) und Paula (15). Beiden lacht die Sonne ins Gesicht und sie sind guter Dinge.

Wer hat den höheren Energiebedarf? ______________________________

Warum? ______________________________

____

c) Basti (15) sitzt in seinem Zimmer und schaut Fernsehen. Emily (13) ist im Garten und springt Seil. Beide gehen einer Tätigkeit nach, die sie gerne machen.

Wer hat den höheren Energiebedarf? ______________________________

Warum? ______________________________

____

d) Julian und Georg machen am frühen Morgen einen Waldspaziergang. Es ist noch sehr kalt. Georg hat seine Thermounterwäsche an und fühlt sich pudelwohl. Julian friert immer mehr, je länger der Spaziergang dauert.

Wer hat den höheren Energiebedarf? ______________________________

Warum? ______________________________

____

e) Patrizia und Heiko gehen in dieselbe Klasse. Beide machen ihre Mathehausaufgaben. Beide mögen dieses Fach nicht.

Wer hat den höheren Energiebedarf? ______________________________

Warum? ______________________________

____

Lernwerkstatt Ernährung in der Schule - Bestell-Nr. 11 499
KOHL VERLAG Der Verlag mit dem Baum

IX. Unsere Lebensmittel und ihre Nährstoffe

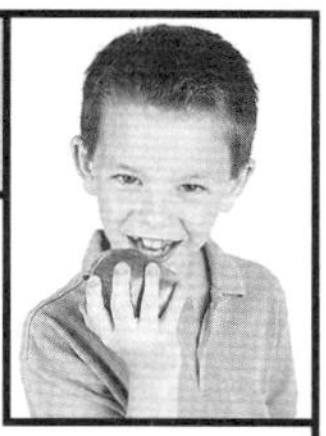

Wir essen die Lebensmittel. Sie haben jeweils einen unterschiedlichen Nährstoffgehalt. Die Lebensmittel enthalten in erster Linie Eiweiß, Fette, Kohlenhydrate, Vitamine, Mineralstoffe und Wasser.

EA

Aufgabe 1: *Bestimme bei jedem Lebensmittel, zu welcher Kategorie es zählt. Trage die Ergebnisse auf der nächsten Seite in die Tabelle ein.*

a) viel Fett **b)** überwiegend Eiweiß und **c)** viele Kohlenhydrate enthalten.

KOHL VERLAG Der Verlag mit dem Baum
Lernwerkstatt Ernährung in der Schule - Bestell-Nr. 11 499

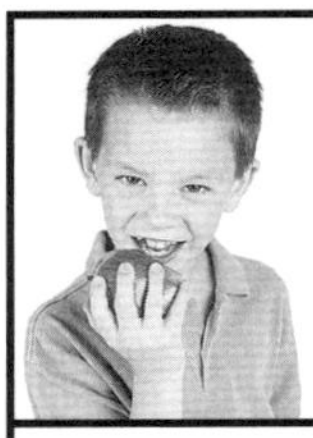

IX. Unsere Lebensmittel und ihre Nährstoffe

Von den abgebildeten Lebensmitteln enthalten ...

viel Fett:	viel Eiweiß:	viele Kohlenhydrate:
____________	____________	____________
____________	____________	____________
____________	____________	____________
____________	____________	____________
____________	____________	____________
____________	____________	____________
____________	____________	____________
____________	____________	____________
____________	____________	____________
____________	____________	____________

X. Mehr oder weniger?

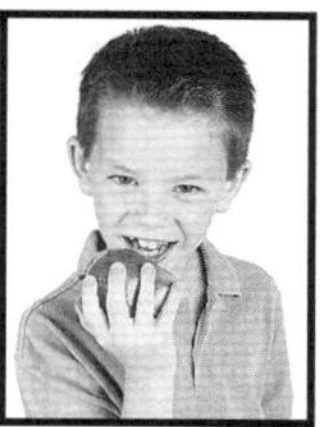

EA

Aufgabe 1: *Welches Lebensmittel enthält bei gleicher Menge mehr Energie?*

a) Banane oder Melone?

b) Orangensaft oder Zitronensaft?

c) Pellkartoffeln oder Kroketten?

d) Edamer oder Gorgonzola?

e) Brötchen oder Mischbrot?

f) Bratwurst oder Geflügelwiener?

g) Forelle oder Bismarckhering?

h) Kakao oder Milch?

i) Quark oder Butter?

j) Erdnüsse oder Schokolade?

k) Trinkbrühe oder Spargelcremesuppe?

l) Putenschnitzel oder Schweineschnitzel?

m) Milch oder Apfelschorle?

n) Schwarzwälder Kirschtorte oder Quarkkuchen?

o) Wurstsalat oder Thunfischsalat?

p) Mohrrüben oder Rosenkohl?

q) Fruchtsaft oder Mineralwasser?

r) Mais oder Erbsen?

s) Salzkartoffel oder Pommes frites?

t) Emmentaler oder Sauermilchkäse?

u) Schokolade oder Honig?

v) Fenchel oder Chinakohl?

w) Haferflocken oder Cornflakes?

x) Hefeteig oder Mürbeteig?

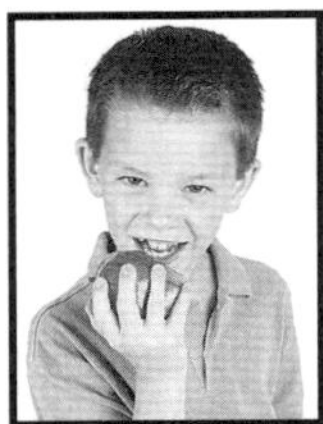

XI. Andere Länder – anderes Essen

GRIECHENLAND

Zaziki

Handwerkszeug:

Das benötigst du:

- 1/3 Salatgurke
- 400 g Joghurt
- 2 Knoblauchzehen
- 1 1/2 EL Olivenöl
- Petersilie
- 100 g schwarze Oliven
- 1/2 Baguette

Das musst du machen:

1. 1/3 Salatgurke schälen, längs halbieren und mit einem Teelöffel entkernen. Die Gurke auf der Reibe grob raspeln.

2. Joghurt in eine Schüssel geben. 1 - 2 Knoblauchzehen dazu pressen. 3 EL Olivenöl zugeben, mit Salz und Pfeffer würzen und glatt rühren. Gurkenraspel untermischen.

3. Zaziki mit etwas Olivenöl beträufelt und mit gehackter Petersilie bestreut anrichten. Mit Oliven und Weißbrot servieren.

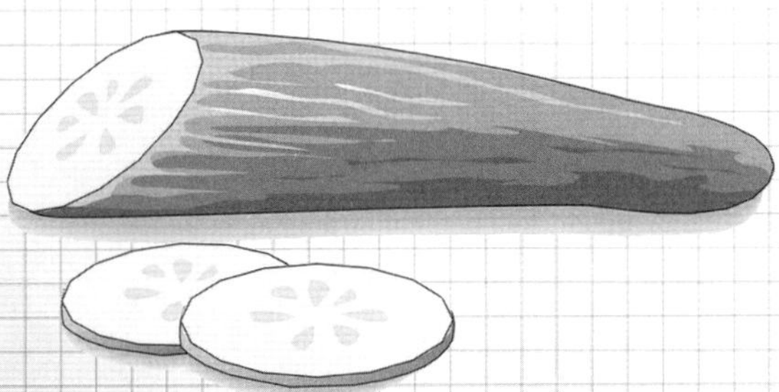

Lernwerkstatt
Ernährung in der Schule - Bestell-Nr. 11 499
KOHL VERLAG

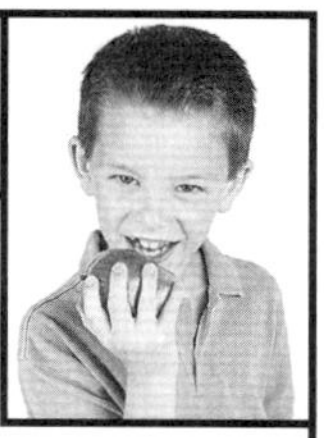

ENGLAND

Cauliflower Cheese

Handwerkszeug:

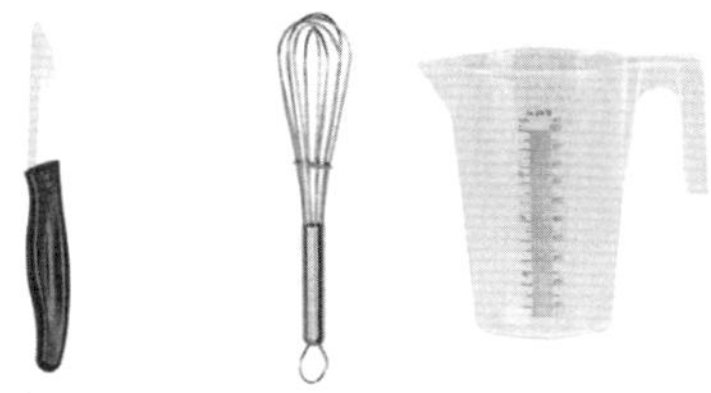

Das benötigst du:

- 1 großer Blumenkohl
- 50 g Mehl
- 450 ml Milch
- 2 Eigelb
- 1 TL Senf
- Worcestershiresauce
- 250 g Cheddarkäse, gerieben
- 100 g Emmentaler, gerieben
- Muskat
- Fett für Form

Das musst du machen:

1. Den Blumenkohl in Salzwasser bissfest kochen, abtropfen lassen und in eine gefettete Auflaufform geben.

2. In einem Topf die Butter zerlassen und das Mehl einrühren. Vorsichtig mit einem Schneebesen die Milch dazu, heiß werden lassen, dann den Käse dazu. Wenn der Käse geschmolzen ist mit Senf, Muskat und Worcestershiresauce würzen.

3. Soße über den Blumenkohl gießen und im Backofen bei ca. 180 Grad backen, bis es schön goldbraun ist.

4. Dazu passen gebackene Kartoffeln

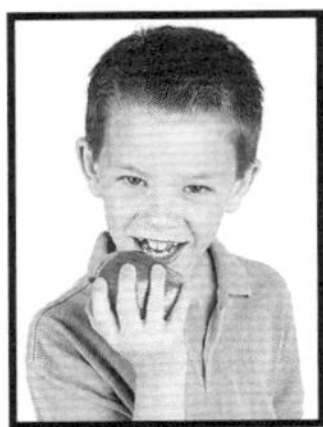

XI. Andere Länder – anderes Essen

SCHWEIZ

Züricher Geschnetzeltes

Handwerkszeug:

Das benötigst du:

- 3 Schalotten
- 800 g Schweinefilet
- weißer Pfeffer
- 1 TL edelsüßes Paprikapulver
- 6 EL Öl
- 100 ml Weißwein
- 500 ml Schlagsahne
- Salz
- 1 EL gehackte Petersilie
- 1 TL abgeriebene unbehandelte Zitrone

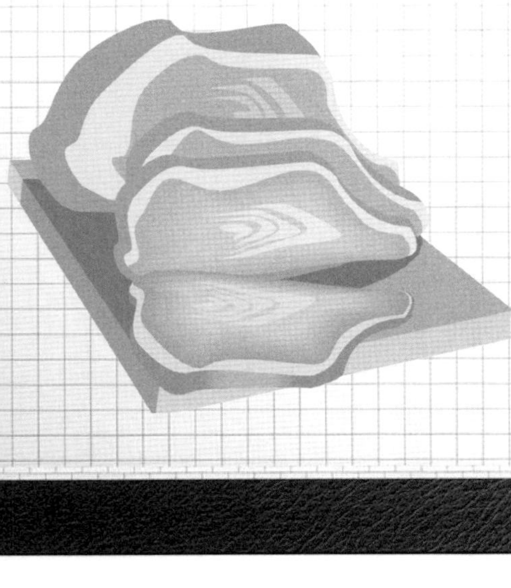

Das musst du machen:

1. Schalotten fein würfeln, Fleisch in 1/2 cm dicke Streifen schneiden. Mit Pfeffer und Paprikapulver würzen. 2 EL Öl in einer Pfanne erhitzen. Das Fleisch darin bei starker Hitze von beiden Seiten kurz anbraten. Alles in ein Sieb geben, den Bratensaft auffangen.

2. 1 EL Öl in eine Pfanne geben und die Schalotten darin hellbraun braten. Weißwein zugeben und einkochen lassen. Mit Sahne ablöschen und Soße einkochen.

3. Fleisch und Bratensaft zugeben und 2-3 Min. in der Soße ziehen lassen. Mit Salz und Pfeffer abschmecken. Petersilie und Zitronenschale unterrühren.

4. Am besten dazu: Rösti, aber es gehen auch Nudeln und Salat.

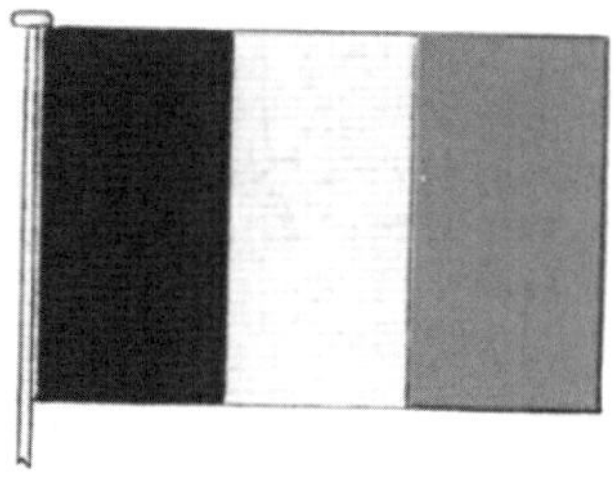

RUMÄNIEN

Weißer Bohnentopf

Handwerkszeug:

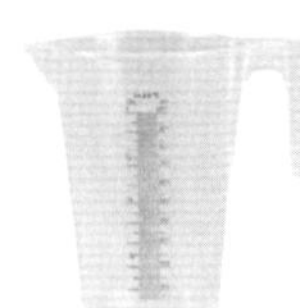

Das benötigst du:

- 1 Dose weiße Bohnen
- 3 Kartoffeln
- 2 Karotten
- 1 Zwiebel
- 1 Stange Lauch
- etwas Olivenöl
- 1 Bund Petersilie
- 1 EL Tomatenmark
- 1 EL Schaschlik-Gewürz
- 1 EL Paprika edelsüß
- 1 TL Paprika scharf
- 2 Prisen Salz
- 1 Prise Pfeffer

Das musst du machen:

1. Im Kochtopf geschnittene Zwiebel, geschnittenen Lauch und Karotten, gewürfelte Karotten in etwas Öl leicht anschwitzen.

2. Bohnen und gehackte Petersilie dazugeben und mit etwa 1 l Wasser ablöschen. Das Ganze etwa 20 Min. köcheln lassen.

3. Die restlichen Gewürze dazugeben und nach Belieben (auch etwas schärfer) abschmecken.

KOHL VERLAG Der Verlag mit dem Baum
Lernwerkstatt Ernährung in der Schule - Bestell-Nr. 11 499

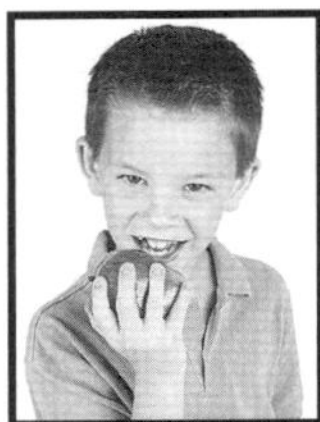

ITALIEN

Bruschette

Handwerkszeug:

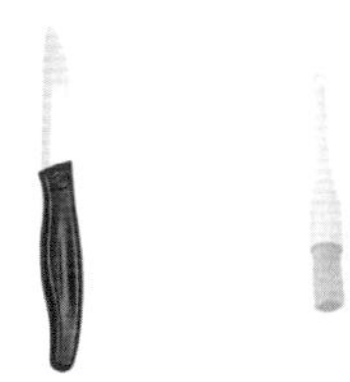

Das benötigst du:

- 75 g Tomaten
- 2 Stiele Basilikum
- 4 EL Olivenöl
- Meersalz
- Pfeffer
- 4 Scheiben Baguette oder Ciabatta
- 8 Scheiben fetter Speck

Das musst du machen:

1. Tomaten vierteln und entkernen. Tomaten würfeln. Basilikumblätter in feine Stücke zupfen.
2. Tomaten und Basilikum mit 3 EL Olivenöl mischen und mit Salz und Pfeffer würzen.
3. Brotscheiben auf Backblech legen und leicht mit dem restlichen Olivenöl bepinseln und unter dem vorgeheizten Backofengrill goldbraun rösten.
4. Tomaten auf Brotscheiben verteilen. Mit fettem Speck belegen. Den Speck unter dem vorgeheizten Backofengrill nur 1 Minute erwärmen, aber nicht gratinieren.

Lernwerkstatt
Ernährung in der Schule - Bestell-Nr. 11 499
KOHL VERLAG

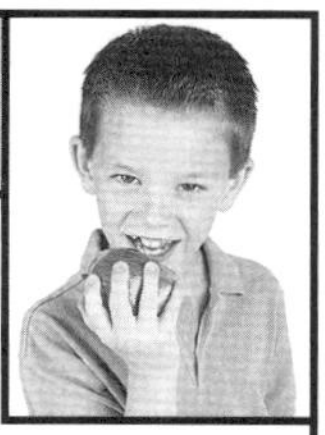

SPANIEN

Gefüllte Zwiebeln

Handwerkszeug:

Das benötigst du:

- 4 große Gemüsezwiebeln
- 200 g Hackfleisch vom Rind
- 2 EL Öl
- Salz
- Pfeffer
- 1 EL Chilisauce
- 1 EL Petersilie, gehackt
- 250 ml Fleischbrühe
- 3 Paprikaschoten grün, gelb, rot
- 4 Scheiben Käse
- 4 Scheiben Tomaten

Das musst du machen:

1. Schale von Zwiebeln entfernen und vorsichtig aushöhlen. Das Ausgehöhlte fein schneiden, mit dem Hackfleisch in etwas Öl gut braten.

2. Mit Salz, Pfeffer, Chilisauce und Petersilie würzen. Alles vorsichtig in die Zwiebeln geben. Zwiebeln in eine feuerfeste Form setzen und mit Brühe aufgießen und zugedeckt im vorgeheizten Backofen bei 180° Grad ca. 30 Min. dünsten.

3. Paprika streifig schneiden, nach 10 Min. in die Form geben und 20 Min. mitdünsten.

4. Auf jede Zwiebel eine Scheibe Käse legen und schmelzen. Zuletzt wird eine gewürzte Tomatenscheibe auf den Käse gelegt.

5. Dazu Reis und grünen Salat reichen.

KOHL VERLAG Der Verlag mit dem Baum
Lernwerkstatt Ernährung in der Schule - Bestell-Nr. 11 499

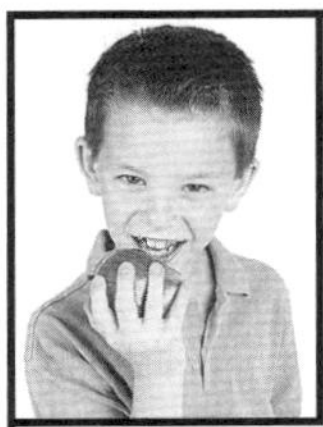

FRANKREICH

Gemüsetarte mit Ziegenkäse

Handwerkszeug:

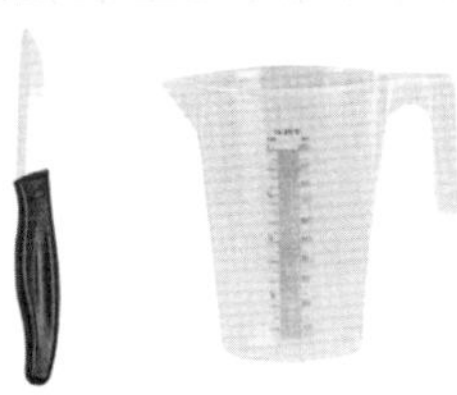

Das benötigst du:

- 1 Pack. Blätterteig
- 1 Aubergine, gewürfelt
- 1 Zucchini, gewürfelt
- 1 Paprikaschote, gewürfelt
- 3 Eier
- 150 ml Milch
- Öl
- Salz
- Pfeffer
- 100 g Bergkäse
- 150 g Ziegenkäse
- 1 Zwiebel, gehackt

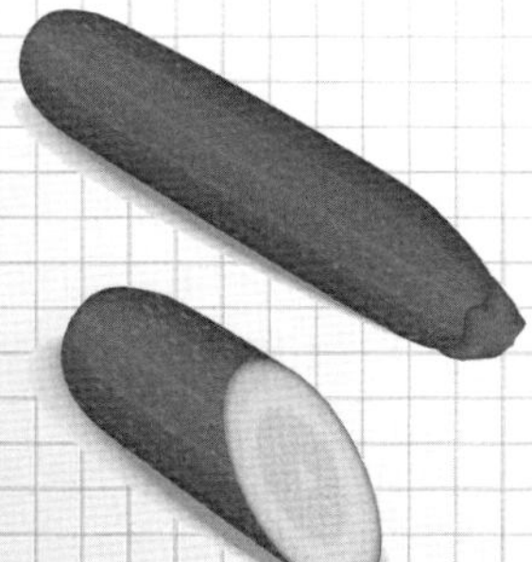

Das musst du machen:

1. Ein tieferes Backblech mit dem Blätterteig auslegen. Rand hochziehen.

2. Zwiebel und Gemüse mit etwas Öl anbraten, mit Salz und Pfeffer würzen. Auf dem Backblech verteilen.

3. Eier mit Milch verquirlen und den Bergkäse unterheben. Das Ganze mit Salz und Pfeffer würzen. Diese Mixtur über das Gemüse geben.

4. Den Ziegenkäse in kleine Flocken über die ganze Tarte verteilen.

5. Alles in den vorgeheizten Backofen und bei 200 Grad backen. Der Ziegenkäse darf dabei leicht bräunlich sein und der Teigrand sollte, wenn er durch ist, eine tiefbraune Farbe aufweisen.

6. Dazu am besten grünen Salat reichen.

Lernwerkstatt
Ernährung in der Schule - Bestell-Nr. 11 499
KOHL VERLAG Der Verlag mit dem Baum

XI. Andere Länder – anderes Essen

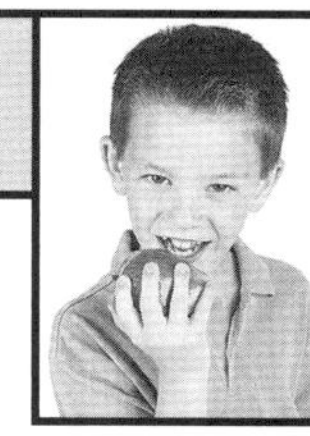

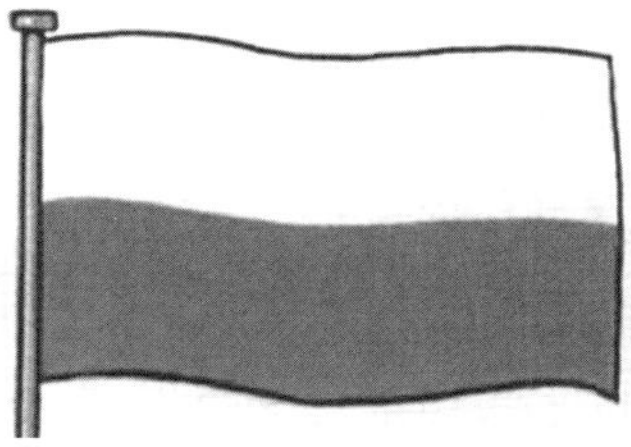

POLEN

Leczo

Handwerkszeug:

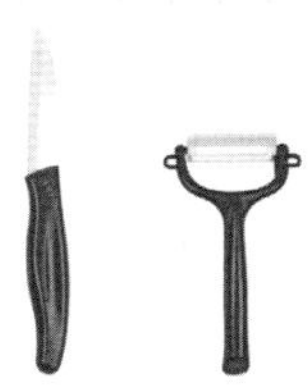

Das benötigst du:

- 6 Wiener Würstchen
- 1000 g Zucchini
- 3 große rote Paprikas
- 2 TL Gemüsebrühe
- 2 TL Maggi
- 4 EL Tomatenmark
- 2 EL Olivenöl

Das musst du machen:

1. Würstchen in Scheiben schneiden und in Öl anbraten. Zucchini waschen, schälen und in Scheiben schneiden. Die Paprikas waschen und in mundgerechte Stücke schneiden.

2. Wenn die Würstchen angebräunt sind, Zucchini und Paprika dazugeben. Etwa 10 Min. im eigenen Saft bei zugedecktem Deckel leicht kochen.

3. Sind die Zucchini weich, Tomatenmark dazugeben und etwa 1/2 l Brühe. Das Ganze weiterkochen bis Zucchini ganz weich sind, dann am besten mit Maggi abschmecken.

4. Dazu am besten frisches Weißbrot reichen.

KOHL VERLAG Der Verlag mit dem Baum
Lernwerkstatt Ernährung in der Schule - Bestell-Nr. 11 499

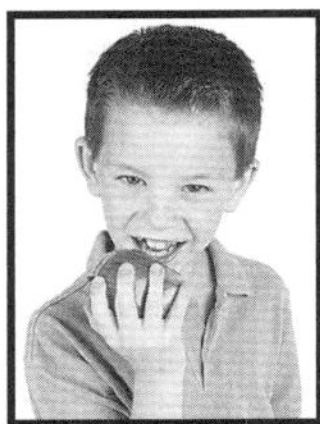

XI. Andere Länder – anderes Essen

AUSTRALIEN

Bananenporridge

Handwerkszeug:

Das benötigst du:

- 4 Bananen
- 4 Tassen Haferflocken
- 4 Tassen Wasser
- 4 Tassen Milch
- z.B. Honig oder Zucker

Das musst du machen:

1. Bananen in einer Schüssel zer drücken. Haferflocken, Milch und Wasser, unter ständigem Rühren, aufkochen. Gut rühren, das nichts anhängt. Alles bei niedriger Hitze gut quellen lassen.

2. Den Bananenbrei unter den Haferbrei heben. Sofort noch heiß servieren.

3. Nach Belieben mit Honig oder Zucker süßen.

4. Dazu eine Schale Sauerkirschen oder frische Erdbeeren.

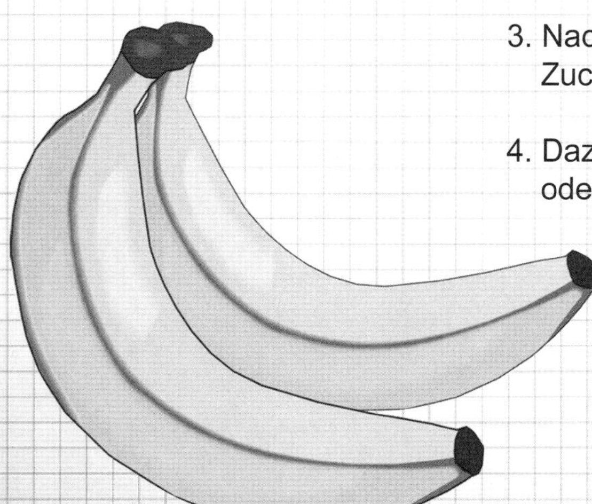

KOHL VERLAG Lernwerkstatt Ernährung in der Schule - Bestell-Nr. 11 499

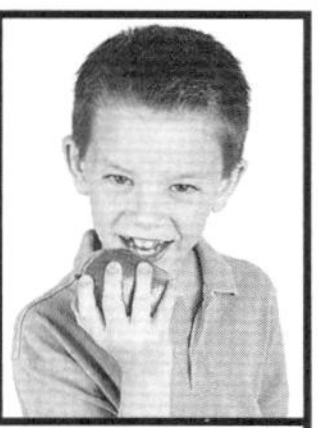

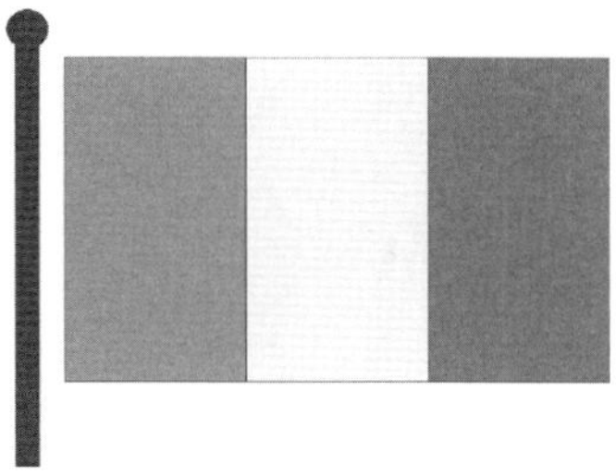

MALI

Erdnusstopf

Handwerkszeug:

Das benötigst du:

- 2 Zwiebeln
- 600 g Schweineschnitzel
- 2 EL Öl
- 175 g Erdnusscreme
- schwarzer Pfeffer
- 1 EL gemahlenen Kreuzkümmel
- Cayennepfeffer
- Salz
- 6 Tomaten
- 300 ml Fleischbrühe
- 1 Bund glatte Petersilie
- Zitronenspalten

Das musst du machen:

1. Zwiebeln schälen und würfeln. Fleisch in Streifen schneiden, Öl erhitzen und Fleisch anbraten und beiseite stellen.

2. Zwiebeln in restlichem Öl anbraten, Erdnusscreme untermischen und gut Pfeffer, Cayennepfeffer, Kreuzkümmel und Salz würzen.

3. Jetzt geschnittene Tomaten dazu und mit Brühe aufgießen und kochen, das Fleisch dazugeben und alles 45 Min. leicht kochen lassen. Einen Teil der Petersilie fein hacken, dazugeben und den Fleischtopf nochmals nachwürzen.

4. Mit den restlichen Petersilienzweigen und mit Zitronenspalten garnieren.

5. Dazu Hirse oder Fladenbrot.

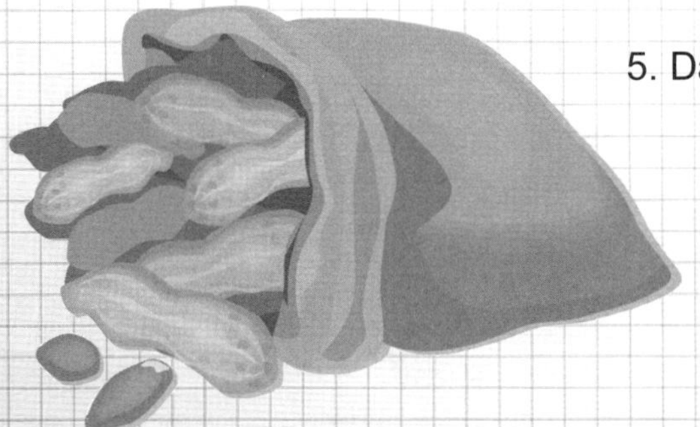

KOHL VERLAG Der Verlag mit dem Baum
Lernwerkstatt
Ernährung in der Schule - Bestell-Nr. 11 499

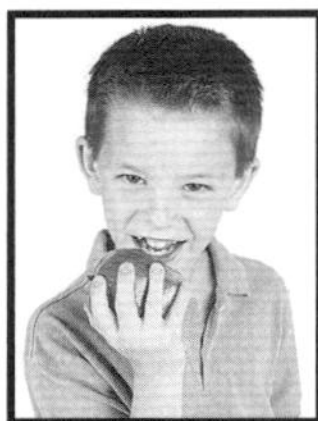

XI. Andere Länder – anderes Essen

SÜDAFRIKA

CESSBAAR

Handwerkszeug:

Das benötigst du:

- 2 Kochbananen
- (4 normale Bananen)
- 2 Zwiebeln
- 2 rote Paprikaschoten
- 3 Eier
- 1/2 TL Chili
- 100 g Joghurt oder Schmand
- 100 g Maismehl (oder Weizenmehl)
- 3 EL Milch
- Öl
- etwas Salz

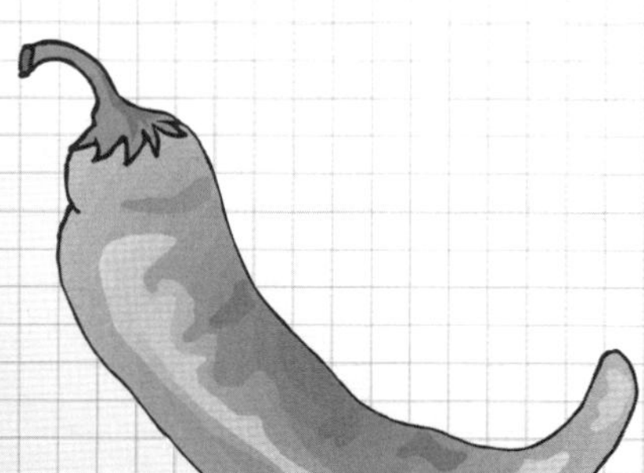

Das musst du machen:

1. Kochbananen, Paprikaschoten und eine Zwiebel mit der Milch im Mixer pürieren und in eine Schale geben. Die andere Zwiebel fein schneiden, mit den Eiern, dem Chili, dem Joghurt und dem Maismehl gut vermengen, dass ein dickflüssiger, sirupartiger Brei entsteht.

2. Etwas Öl in eine Bratpfanne geben, erhitzen und die Masse mit einem Löffel ins heiße Öl geben, sodass kleine Pfannkuchen entstehen. Die kleinen Pfannkuchen auf beiden Seiten braun backen.

3. Die Pfannkuchen werden entfettet (z.B. zwischen zwei Küchenkrepp vorsichtig trocken tupfen) und nach Wunsch gesalzen. Danach warm servieren.

4. Gut schmeckt dazu eine scharfe Tomatensoße.

KOHL VERLAG Der Verlag mit dem Baum
Lernwerkstatt
Ernährung in der Schule - Bestell-Nr. 11 499

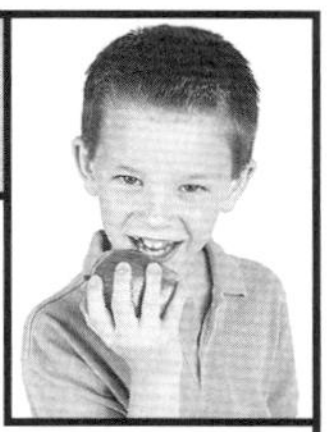

BRASILIEN

BRASILIANISCHE EMPANADAS

Handwerkszeug:

Das benötigst du:

- 1,5 Pakete Blätterteig (TK)
- 2 Eier hart gekocht
- 40 g durchwachsenen Speck
- 1 große Zwiebel
- 1 EL Butter
- 200 g Rinderhack
- 10 gefüllte Oliven
- 4 EL Rosinen
- Salz
- Pfeffer
- Nelkenpulver
- Paprikapulver

Das musst du machen:

1. Blätterteig auftauen, Backofen auf 220° Celsius vorheizen. Zwiebel schälen, Zwiebeln und Speck würfeln. Speck in Butter auslassen und mit den Zwiebeln glasig dünsten. Hackfleisch dazu und durchbraten.

2. Mit den Gewürzen kräftig würzen. Danach Rosinen mit den Eiern hacken, die Oliven in Ringe schneiden und unter das Gebratene mischen und nochmals würzen.

3. Blätterteigscheiben halbieren und auf jede Hälfte etwas Fleischteig geben. Den Rand der Blätterteighälften mit Wasser bestreichen, danach zuklappen und andrücken. Backblech mit Backpapier auslegen und die Empanadas darauf legen. Alles bei 220° C im Backofen ca. 25 Min. backen.

4. Dazu kann man eine scharfe Tomatensoße und einen gemischten Salat machen.

KOHL VERLAG Der Verlag mit dem Baum
Lernwerkstatt Ernährung in der Schule - Bestell-Nr. 11 499

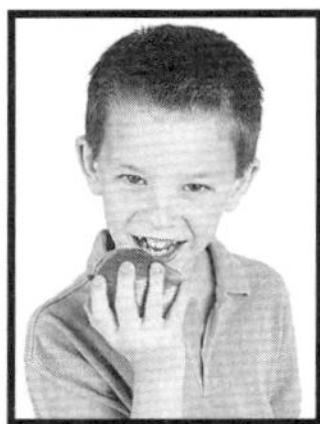

CHILE

Chilenischer Maisauflauf

Handwerkszeug:

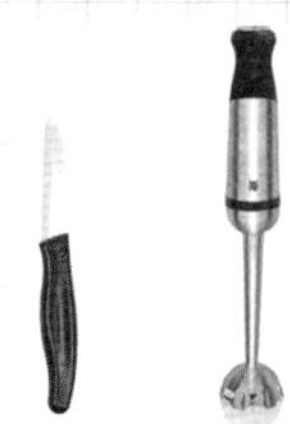

Das benötigst du:

- 1 kg Maiskörner (aus der Dose, ca. 3 Stück)
- 500 g Hackfleisch
- 3 Zwiebeln
- ca. 15 Oliven
- ca. 150 ml Milch
- 1 Eigelb
- Kreuzkümmel
- 2 EL Zucker
- Olivenöl
- Salz
- Pfeffer

Das musst du machen:

1. Gewürfelte Zwiebeln in Olivenöl andünsten. Hackfleisch dazu und durchbraten. Abschmecken und Oliven dazugeben.

2. Mais pürieren, mit Milch auffüllen und zum Kochen bringen. Die Masse würzen und etwas kälter werden lassen. Ein Eigelb darunterrühren.

3. Hackfleisch-Zwiebel-Oliven-Masse in eine Auflaufform geben, darüber die Maismasse verteilen und den Zucker darauf streuen. Ca. 15 bis 20 Min. bei 180° Celsius im Backofen backen.

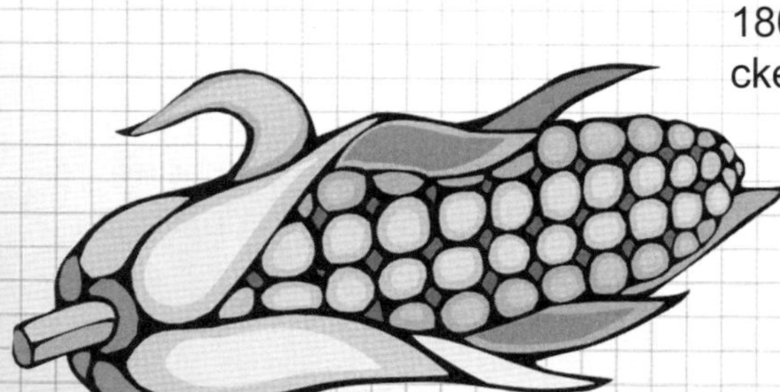

KOHL VERLAG Lernwerkstatt Ernährung in der Schule - Bestell-Nr. 11 499

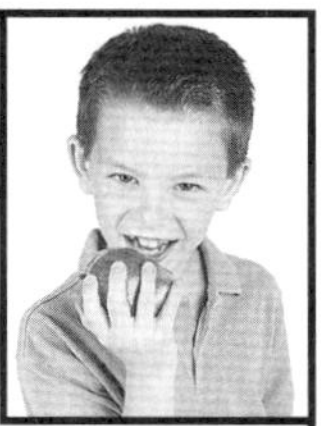

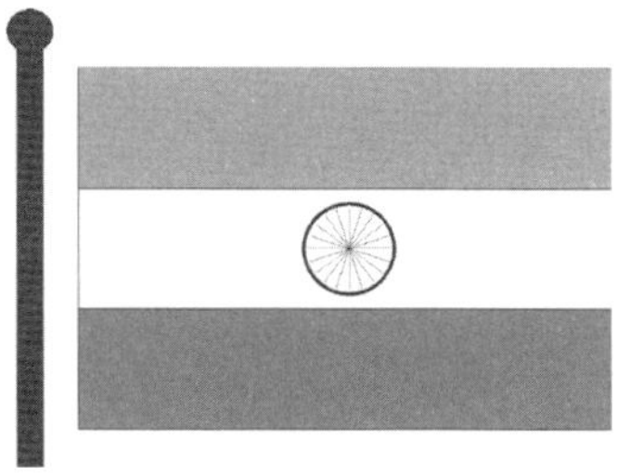

INDIEN

Indisches Möhren-Reis-Gericht

Handwerkszeug:

Das benötigst du:

- 1 Bund Lauchzwiebeln
- 800 g Möhren
- 6 TL Öl
- Currypulver (nach Geschmack)
- 400 g passierte Tomaten
- Becher Schmand
- 125 ml fettreduzierte Milch
- 2 TL Mehl
- Salz und Pfeffer
- 3 Tassen Reis
- 6 Tassen Brühe
- Koriander
- Zucker

Das musst du machen:

1. Gemüse waschen, Lauchzwiebeln in Ringe, Möhren in Scheiben schneiden. 4 TL Öl erhitzen und Lauchzwiebeln mit Curry anbraten, dann Möhren dazugeben, mit den passierten Tomaten aufgießen und garen bis die Möhren weich sind. Dann Milch, Mehl und Schmand verrühren und in den Möhrentopf geben. Alles aufkochen, würzen mit Salz, Pfeffer, Zucker, Curry und Koriander.

2. Reis in Öl anbraten, mit Brühe auffüllen und ca. 30 Minuten kochen bis die Brühe vom Reis aufgesogen ist.

3. Den Möhrentopf pürieren bis alles eine Masse ist. Dann den gekochten Reis dazugeben und mit dem Möhrentopf verrühren.

4. Dazu passen gebratene Hähnchenschenkel.

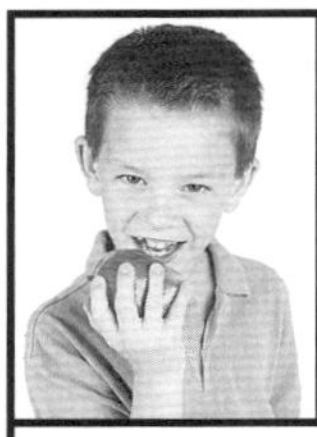

THAILAND

Lauch-Karotten nach Thai-Art

Handwerkszeug:

Das benötigst du:

- 4 TL Öl zum Braten
- 8 Karotten
- 4 Stangen Lauch
- 200 ml Kokosmilch
- 200 ml Milch (1,5%)
- 400 ml Wasser
- 4 TL Gemüsebrühe
- 200 g gegarter Reis
- 4 Knoblauchzehen
- Pfeffer
- Currypulver
- Chilipulver

Das musst du machen:

1. Gemüse waschen, Karotten in feine Scheiben, Lauch in dünne Ringe schneiden. 1 TL Öl in der Pfanne erhitzen, Knoblauchzehen und Karotten braten bis sie etwas weicher sind, dann Lauchringe dazugeben. Mit der Gemüsebrühe, dem Wasser, der Kokosmilch und fettreduzierter Milch ablöschen. Mit den Gewürzen abschmecken und etwas einkochen lassen.

2. Mit gekochtem Reis servieren.

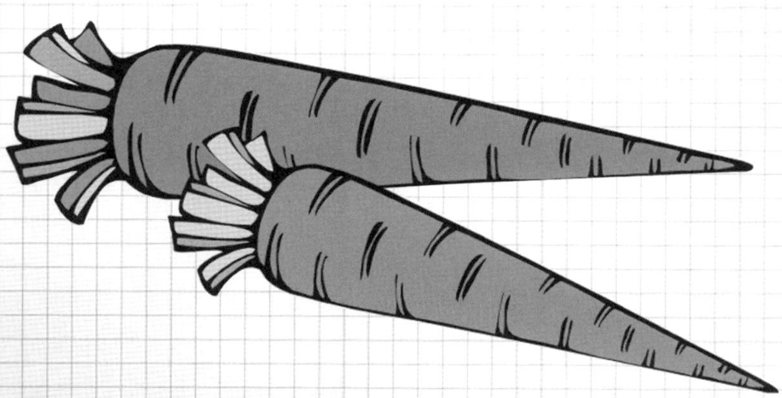

KOHL VERLAG Der Verlag mit dem Baum
Lernwerkstatt Ernährung in der Schule - Bestell-Nr. 11 499

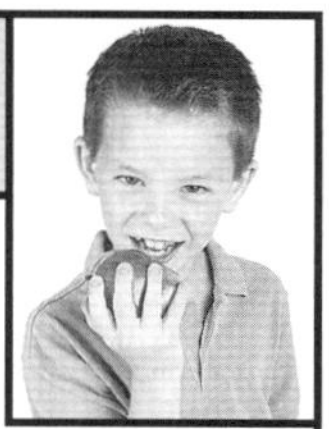

CHINA

Chinesisches Auberginen Stir Fry

Handwerkszeug:

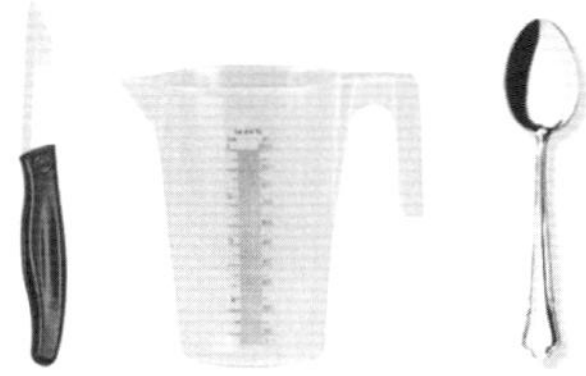

Das benötigst du:

- 500 g Auberginen
- 100 ml Öl
- 300 ml Wasser
- 1 Chilischote
- 2 Knoblauchzehen
- 3 EL Sojasoße
- 1 EL Zucker

Das musst du machen:

1. Auberginen waschen, halbieren und 2 cm Würfel schneiden. Öl in einer Pfanne erhitzen. Den Knoblauch und die gehackte Chilischote ins heiße Öl geben. Die Auberginenwürfel dazugeben und immer wieder wenig Wasser hinzugeben, das die Auberginen aufsaugen können bzw. verdunstet. Danach das restliche Wasser, die Sojasoße und den Zucker hinzufügen. Einkochen lassen bis das Wasser verdampft ist.

2. Dazu passt Reis und jede Art von Fleisch.

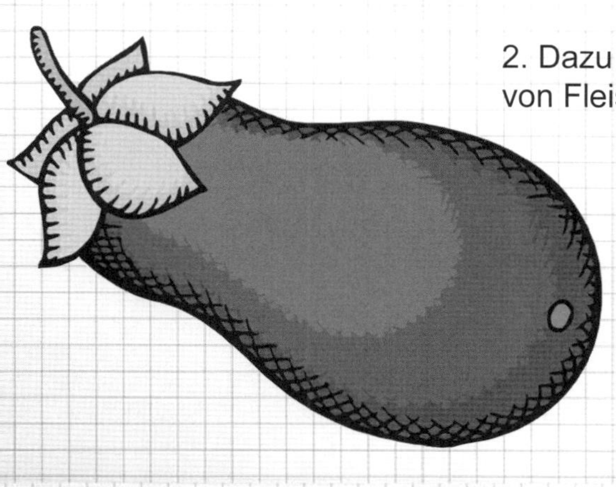

KOHL VERLAG Der Verlag mit dem Baum
Lernwerkstatt Ernährung in der Schule - Bestell-Nr. 11 499

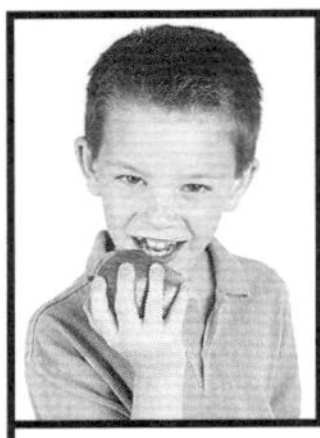

XI. Andere Länder – anderes Essen

SINGAPUR

Hühnersuppe Singapur Art

Handwerkszeug:

Das benötigst du:

- 175 g chinesische Eiernudeln
- 2 EL Erdnussöl
- 300 g Hähnchenbrustfilet
- 1 Zwiebel
- 1 frische rote Chilischote
- 1 EL Ingwer
- 2 EL indisches Currypulver
- 750 ml Hühnerbrühe
- 800 ml Kokosmilch
- 20 g frische Basilikumblätter

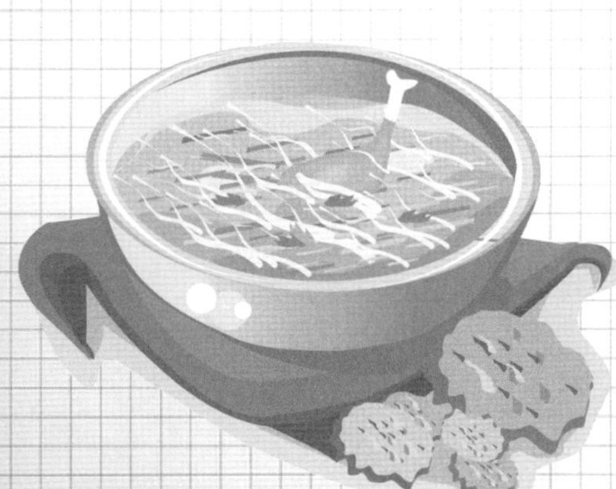

Das musst du machen:

1. Nudeln 5 Min. kochen und abgießen. Hähnchenbrustfilets in Erdnussöl braten, dann herausnehmen und warm stellen.

2. Im Erdnussöl Zwiebelringe farblos braten. Chili, Ingwer und das Currypulver hinzufügen und weitere 2 Min. mitbraten. Mit der Hühnerbrühe ablöschen und ca. 20 Min. köcheln lassen. Danach Kokosmilch dazu geben.

3. Hähnchen in Streifen schneiden, Basilikum in Suppe geben. Streifen vor dem Auftragen in Suppe geben und 3 Min. mitziehen lassen. Nudeln in die Suppe geben.

KOHL VERLAG Der Verlag mit dem Baum
Lernwerkstatt
Ernährung in der Schule - Bestell-Nr. 11 499

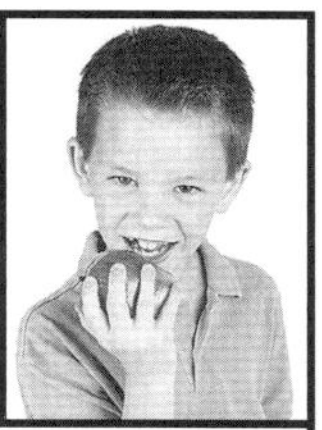

KANADA

Kanadische Holzfällersuppe

Handwerkszeug:

Das benötigst du:

- 500 g Rinder-Hackfleisch
- 1 Dose Kidneybohnen
- 2 Dosen weiße Bohnen
- 1 Dose geschälte Tomaten
- 1 EL edelsüßes Paprikapulver
- 1/2 TL Salz
- 1/2 TL Cayennepfeffer
- 1/2 TL Zucker

Das musst du machen:

1. Hackfleisch in Öl anbraten, mit Salz und Pfeffer würzen.

2. Kidneybohnen, weiße Bohnen und Tomaten in einen Suppentopf geben und das angebratene Hackfleisch dazugeben. Mit Paprika, Salz, Cayennepfeffer und Zucker kräftig würzen.

3. Suppe aufkochen und abschmecken.

4. Dazu passt ausgezeichnet ein frisches Bauernbrot.

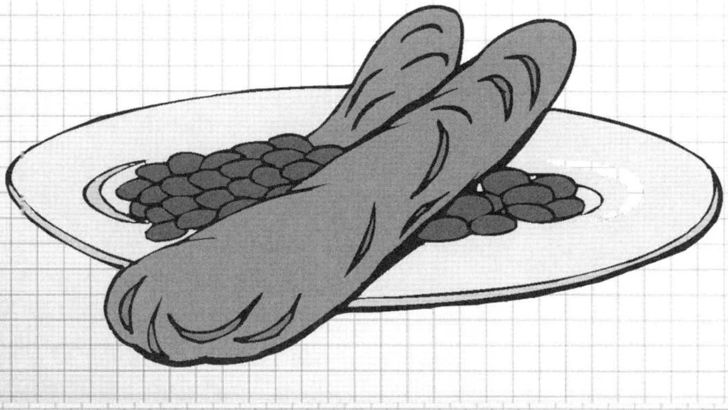

Lernwerkstatt
Ernährung in der Schule - Bestell-Nr. 11 499
KOHL VERLAG Der Verlag mit dem Baum

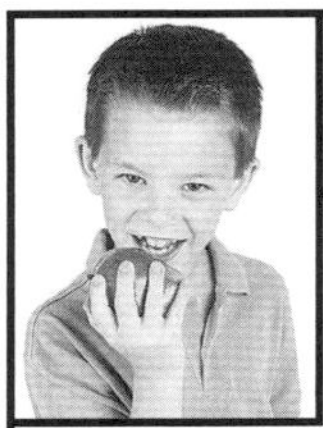

XII. Berufe zur Ernährung

Bei Berufen, die mit unserer Ernährung zu tun haben, wollen wir heute drei Berufsgruppen in den Mittelpunkt rücken. Dies sind der Landwirt oder Bauer, der Metzger und der Bäcker bzw. der Konditor.

Der Landwirt

Er produziert nach wie vor den Hauptteil unserer Nahrungsmittel.
Es gibt für die verschiedenen Nahrungsmittel verschiedene Landwirte.

<u>In diesen Bereichen sind die Landwirte tätig</u>:

Pflanzenproduktion: Dazu gehört der Getreideanbau, der Hackfruchtanbau, der Maisanbau, der Ölfrüchteanbau, der Hülsenfrüchteanbau, der Futtermittelanbau, der Obstanbau und der Weinanbau.

Tierproduktion: Die Milchviehhaltung, die Rinderaufzucht, die Schweinezucht, die Geflügelzucht, die Schafzucht und die Pferdezucht.

Energieproduktion: Dazu gehört die Produktion von Biogas, Windkraft und Photovoltaik.

Ihr seht, dass der Landwirt in erster Linie mit unseren Lebensmitteln zu tun hat. Wer ebenfalls direkt mit Lebensmitteln zu tun hat ist der Metzger, Fleischhauer oder Fleischer.

Der Metzger

Fleischer, Metzger, Schlachter oder Fleischhauer ist einer der ältesten Handwerksberufe überhaupt. Im Mittelalter waren die Fleischer oder Metzger in sogenannten Zünften organisiert. Zu den Hauptaufgaben des Fleischers gehören das Schlachten und die Herstellung von Fleisch- und Wurstwaren. Heute hat sich zum Mittelalter das Berufsbild des Metzgers/Fleischers gewandelt. Im Vordergrund steht nicht mehr das Schlachten sondern die Fleisch- und Wurstproduktion.

Der Bäcker/Konditor

Beim Bäcker handelt es sich um jemanden, der sein Geld damit verdient, dass er Brote, Brötchen, Backwaren und Kleingebäck backt. Auch beim Bäcker handelt es sich um einen alten Handwerksberuf, den es bereits im Mittelalter gab. Heute ist er ein Ausbildungsberuf, wie auch der des Konditors. Konditoren stellen keine Brotwaren her, sondern hauptsächlich süße Backwaren. Im Mittelalter waren es die Zuckerbäcker. So gab es die Lebkuchenbäcker, die wie der Name sagt, Lebkuchen herstellen durften. Aber auch die „normalen" Bäcker wurden in verschiedene Kategorien eingeordnet. So gab es den Los- oder Weißbäcker, der Weizenbrötchen und Brot backen konnte und den Schwarz- oder Fastbäcker, der dunkle Mehle (Roggen) verarbeiten durfte.
Das Mehl für ihre Backtätigkeiten bezogen beide vom Müller.

KOHL VERLAG Der Verlag mit dem Baum
Lernwerkstatt
Ernährung in der Schule - Bestell-Nr. 11 499

XII. Berufe zur Ernährung

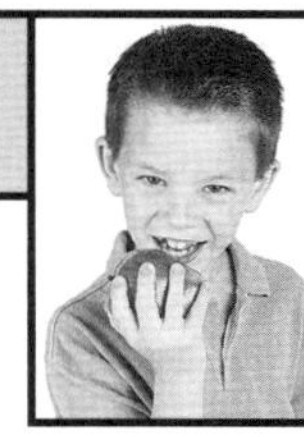

EA

<u>Aufgabe 1</u>: *Beantworte die nachfolgenden Fragen in ganzen Sätzen.*

a) Welches sind die Berufe, die du kennst, die etwas mit unserer Nahrung zu tun haben?

____

____

____

b) Wer stellt die größte Vielfalt an Nahrungsmitteln nach wie vor her? Mache Beispiele dafür, wer die unterschiedlichen Lebensmittel herstellt.

____

____

____

____

____

c) Welches sind die beiden anderen Berufe, die du kennen gelernt hast?

____

____

____

d) Was macht heute der eine überwiegend und was macht der andere heute?

____

____

____

e) Was sind alle drei Berufe heutzutage?

____

____

____

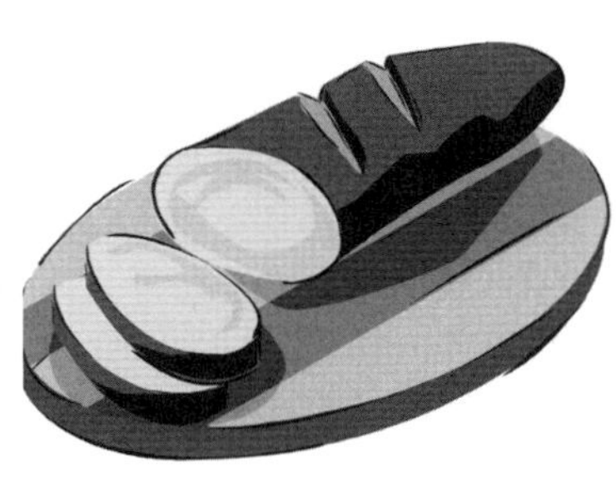

KOHL VERLAG Der Verlag mit dem Baum
Lernwerkstatt Ernährung in der Schule - Bestell-Nr. 11 499

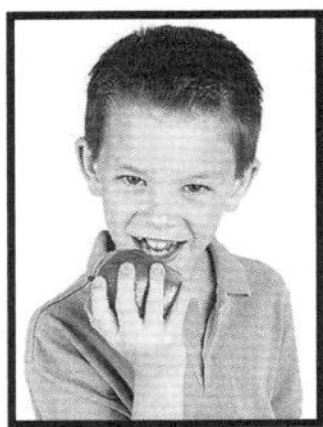

XIII. Nahrung und Sinne

Die Verschiedenheit der Geschmäcker

Es gibt nichts, was den Geschmacksinn so sehr und auf unterschiedliche Arten anspricht, wie das Essen und Trinken. Der Geschmackssinn ist individuell. Er lässt sich zwar trainieren, aber trotzdem kann nicht jeder das Gleiche schmecken. Viele Sinneseindrücke machen den Geschmackssinn aus. Beim Essen werden fast alle Sinne angesprochen. Dies kommt daher, dass in unserer Nahrung so viele Stoffe enthalten sind.
Riechen geschieht über unsere Nase und unsere Zunge. Wir fühlen mit unseren Händen, unserer Zunge und der Mundhöhle. Wir sehen über das Auge und wir hören über das Ohr.
Auch spielen psychische, kulturelle, familiäre Momente und die Gruppenzugehörigkeit eine wichtige Rolle. All diese Dinge beeinflussen unseren Geschmack massiv.

Essen mit allen fünf Sinnen

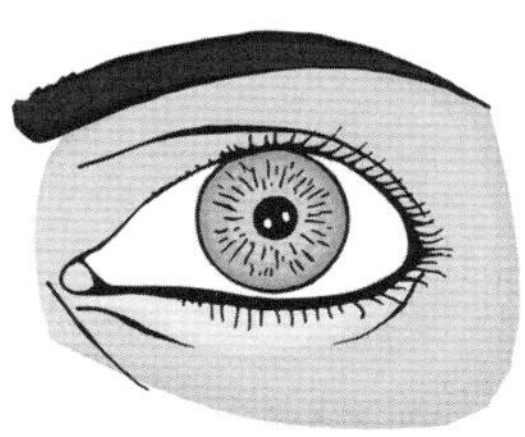

Das Auge

Über das Auge erhalten wir einen ersten Eindruck von dem Lebensmittel. Wie ist seine Form, seine Farbe? Wir beurteilen mit dem Auge seine frische Reife. Bunte Farben bei Gemüse und Obst machen Appetit, eine weiße Nudel mit weißer Soße wirkt weniger appetitanregend als eine weiße Nudel mit roter Soße.
Die Farbe gibt auch Auskunft über den Reifegrad eines Lebensmittels. So ist eine voll rote Tomate immer reifer als eine grüne Tomate. Einen grünen Apfel empfinden wir eher als säuerlich und einen roten Apfel eher als süßlich.
Du siehst an dem Spruch „Das Auge isst auch mit!“ ist was dran. Ein schön gedeckter Tisch, vielleicht mit Blumen kann jederzeit appetitanregend wirken.

Die Nase

Wie wichtig für unser Geschmackempfinden die Nase ist merken wir, wenn wir einen Schnupfen haben, bei dem die Nase zu ist. Alles was wir essen schmeckt uns nicht. Zwar kann die Zunge schon die grobe Richtung vorgeben, aber die Nase ist ungeheuer wichtig für ein Geschmackserlebnis. Das Zusammenspiel von Zunge und Nase lässt uns die Abstufungen des Geschmacks erkennen. Der Mensch besitzt eine Unzahl von Riechzellen sodass er etwa 10 000 Düfte erkennen kann. Dies wird weit mehr, da durch eine Kombination derselben immer wieder neue Duftrichtungen entstehen. Düfte sind sehr stark mit Gefühlen gekoppelt. Wir riechen einen Duft und denken unwillkürlich an eine Situation, in der wir diesen Duft schon gerochen haben. Beispielsweise kann der Duft einer frisch gemähten Wiese uns an unsere Kindheit erinnern, als wir diesen Duft das erste Mal bewusst wahrgenommen haben. Ebenso können mit Lebensmitteldüfte auch negative Emotionen hervorrufen. Wir ekeln uns vor verdorbener Milch. Unser Geruchssinn schützt uns z.B. vor verdorbenen Lebensmitteln. Heute haben wir eine Unzahl von Aromastoffen in den industriell gefertigten Lebensmitteln, sodass die meisten Kinder nicht mehr wissen, wie ein Lebensmittel schmecken sollte.

XIII. Nahrung und Sinne

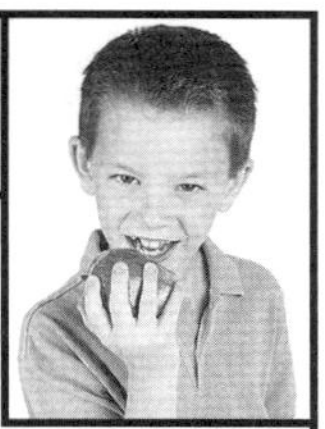

Die Zunge

Über die Zunge können wir die vier Geschmacksrichtungen süß, sauer, bitter und salzig erkennen. Mit unseren Geschmacksknospen können wir aber auch „Zwischentöne" wahrnehmen. Wir unterscheiden z.B. süß - bitter oder süß - sauer. Ist die Ernährung zu einseitig, entgehen demjenigen, der sich so ernährt, viele Geschmackserlebnisse. Heute essen wir meist zuviel Zucker und Salz. Dies macht uns unempfindlicher für die Wahrnehmung von süß und salzig. Wir brauchen immer größere Mengen von Salz und Zucker um diese überhaupt zu schmecken. Durch salz- und zuckerarme Kost und die Verwendung von frischen Lebensmitteln können wir wieder „auf den Geschmack kommen" d.h. unsere Geschmacksknospen wieder sensibilisieren.
In unseren Kinderjahren haben wir etwa 10 000 Geschmacksknospen überall auf der Zunge verteilt. Im Alter haben wir nur noch 4 000.

Die Hände und der Mund

Der Tastsinn ist ebenfalls wichtig für die Bewertung eines Lebensmittels. In unserem Fall wären dies die Hände und in weiterem Sinne der Mund. Mit unseren Händen erhalten wir viele Informationen über das Lebensmittel, das wir vor uns haben. Wir können etwas über die Form, die Oberfläche oder den Reifegrad sagen. Im Mund tasten wir mit der Zunge und der Mundschleimhaut. Wir können Aussagen über die Beschaffenheit eines Lebensmittels machen. Auch wie heiß oder kalt ein Lebensmittel ist, erfahren wir vom Tastsinn.

Das Ohr

Auch das Ohr ist am Essen beteiligt. Bleiben beim Essen bestimmte Geräusche weg, die von uns erwartet werden, hat dies eine Minderung des Genusses zur Folge. Wenn wir Chips oder Flips essen erwarten wir ein krachendes Geräusch, wenn wir in einen Keks beißen haben wir ebenfalls feste Vorstellungen wie sich das anhören muss. Der Biss in ein frisches Brötchen sollte ebenfalls ein bekanntes Geräusch hervorrufen, dass wir unter frischem Brötchen abgespeichert haben.

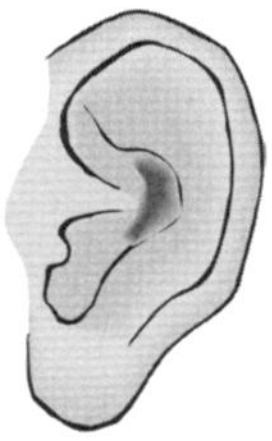

Die Sinne

Alle fünf Sinne sind also beim Essen und Trinken angesprochen. Erst das Zusammenwirken dieser Sinne ermöglicht es, ein Lebensmittel zu beurteilen. Diese Sinne sind natürlich bei jedem Individuum durch Erfahrungen, Erinnerungen und Emotionen anders beeinflusst. Für die Geschmacksbildung in frühen Jahren sollte eine gesunde Vielfalt von natürlichen Lebensmitteln zur Verfügung stehen. Man sollte schon früh erfahren, welche Festigkeit, welches Aussehen und welchen Geschmack ein Lebensmittel hat. Nur so kann es zu einer vollen Entfaltung der Sinne kommen und letztendlich zum Genuss am Essen.

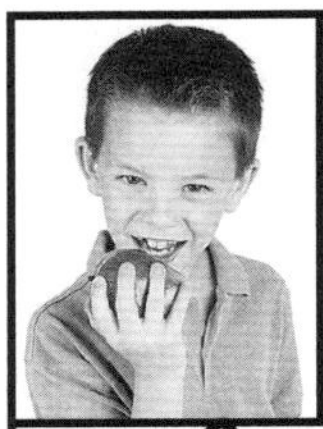

XIII. Nahrung und Sinne

EA **Aufgabe 1:** *Beantworte die folgenden Fragen in vollständigen Sätzen.*

a) Welche sensorischen Systeme werden beim Essen und Trinken angesprochen und warum ist das so?

____

____

____

____

b) Erkläre: Wieso heißt es „Das Auge isst mit“?

____

____

____

____

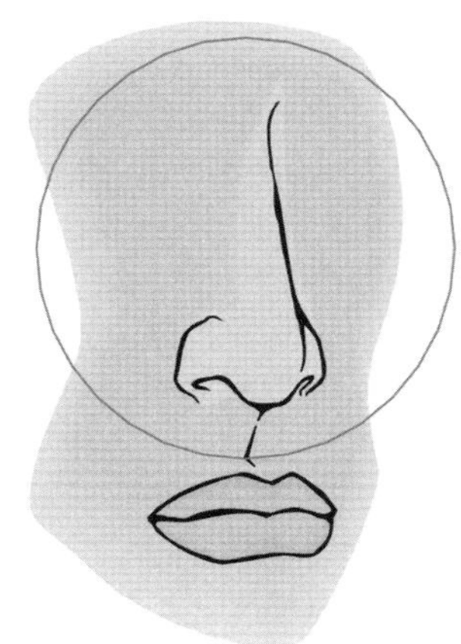

c) Welches weitere Sinnesorgan ergänzt die Arbeit der Zunge?

____

d) Wieso sind die Hände bei unserem Essen für den Geschmack wichtig?

____

____

e) Was sagt uns die Nase in Bezug auf die Lebensmittel?

____

____

____

f) Welche Funktion haben die Ohren beim Essen?

____

____

KOHL VERLAG Der Verlag mit dem Baum
Lernwerkstatt
Ernährung in der Schule - Bestell-Nr. 11 499

XVI. Wie schreibt man das richtig?

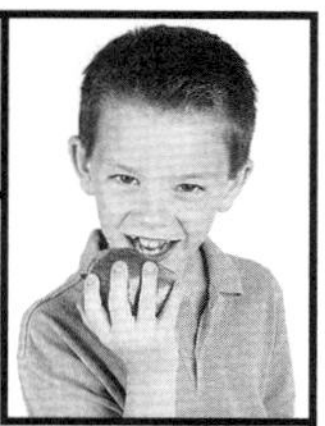

Bei den Lebensmitteln herrscht oft ein großes Durcheinander, wie etwas in korrektem Deutsch geschrieben wird. Wir räumen damit auf!

EA

Aufgabe 1: *Markiere nur die richtig geschriebenen Wörter farbig. Trage die darunter stehenden Buchstaben auf die unten stehenden Linien ein. Du erhältst ein Lösungswort.*

a)	Mayonnaise	Mayonäse	Majonäse	Maionäse
	I	**N**	**M**	**S**
b)	Porrä	Porree	Poree	Porrei
	A	**I**	**M**	**B**
c)	Konfitüre	Kofiturre	Konfittüre	Kofitüre
	N	**S**	**A**	**J**
d)	Weizenschrott	Weisenschrot	Weizenschrot	Weizenschrod
	D	**F**	**E**	**L**
e)	Himmbeersaft	Himberrsaft	Himbersaft	Himbeersaft
	O	**G**	**A**	**R**
f)	Spaggettisoße	Spaghettisoße	Spagetisoße	Spaghettisosse
	L	**A**	**E**	**S**
g)	Erdbeerparfait	Erdberparfait	Erdbeerpafait	Erdberparfeit
	L	**G**	**Z**	**K**
h)	Kolraapi	Kohlrapi	Kolrabi	Kohlrabi
	P	**D**	**A**	**W**
i)	Schocolade	Schokolade	Schokolate	Schocolate
	I	**A**	**G**	**B**
j)	Boullionwürfel	Bouillionwürfel	Bouillonwürfel	Bouilonwürfel
	N	**G**	**S**	**U**
k)	Magerquark	Magaquark	Magaquak	Magerqark
	S	**U**	**N**	**A**
l)	Vaniliemilch	Wanillemilch	Vannillemilch	Vanillemilch
	D	**S**	**T**	**E**
m)	Paniermehl	Panirmehl	Baniermehl	Paniermel
	R	**T**	**K**	**S**

Lösungswort: ___ ___ ___ ___ ___ ___ ___ ___ ___ ___ ___ ___ ___

KOHL VERLAG Der Verlag mit dem Baum
Lernwerkstatt Ernährung in der Schule - Bestell-Nr. 11 499

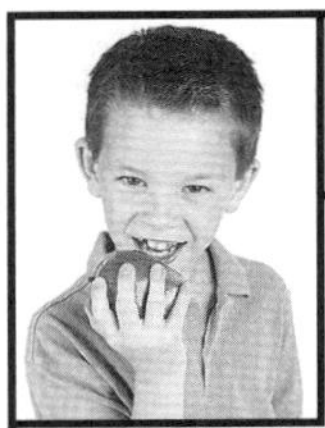

XV. Gewichte über Gewichte

Oft findet ihr in Rezepten die unterschiedlichsten Mengenangaben. Da ist die Rede von einer Tasse, Messerspitze oder einem Teelöffel. Wie viele Gramm sind das nun? Ich versuche nun etwas Licht ins Dunkel zu bringen.

In der Küche hat man es vor allem mit Kilogramm und Gramm zu tun. Aber es kann sich auch einmal ein „Pfund“ einschleichen. Was ist das: ein Pfund? Pfund ist eine alte Bezeichnung für 500 g. Wir rechnen also:

1 kg* = 1000 g* oder 1000 ml*

1/2 kg = 500 g oder 500 ml oder 1/2 l*

3/4 kg = 750 g oder 750 ml oder 3/4 l

1/4 kg = 250 g oder 250 ml oder 1/4 l

1/8 kg = 125 g oder 125 ml oder 1/8 l

Daneben gibt es noch die Bezeichnungen Pfund, halbes Pfund und Viertelpfund. Wir wissen das ein Pfund 500 g wiegt. Also wiegt ein halbes Pfund 250 g und ein Viertelpfund 125 g.

Das ist noch sehr logisch und man kann alles herleiten. Die obenstehenden Angaben solltet ihr können, denn ihr braucht sie in der Küche fast immer. Jetzt wird es sehr haarig und sehr speziell, doch kann es auch nicht schaden, wenn ihr wisst, was ein gestrichener Teelöffel oder ein Esslöffel von diesem oder jenem wiegt!

Lebensmittel	Menge/Größe	Gewicht in g
Margarine, Butter	1 EL (Esslöffel)	10 g
Margarine, Butter	1 TL (Teelöffel)	4 g
Mehl	1 EL	10 g
Mehl, Backpulver, Brühe	1 TL	3 g
Zucker, Salz, Reis	1 EL	15 g
Zucker, Salz, Reis	1 TL	5 g
Öl	1 EL	10 g
Öl	1 TL	5 g
Gemahlener Kaffee	1 EL	6 g
Gemahlener Kaffee	1 TL	2 g
Paniermehl	1 EL	8 g
Flüssigkeiten	1 Glas	150-200 g
Flüssigkeiten	1 Tasse	100-150 g
Flüssigkeiten	1 Teller	ca. 250 g
Flüssigkeiten	1 Schnapsglas	ca. 20 g

*Legende: kg = Kilogramm; g = Gramm; ml = Milliliter; l = Liter

XV. Gewichte über Gewichte

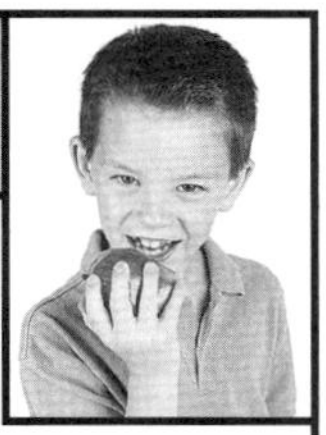

EA

<u>Aufgabe 1</u>: *Verbinde die Fragen mit den passenden Antworten.*

a) Wie viel Gramm wiegt 1 Tl gemahlener Kaffee?	**1)** ca. 20 g
b) Wie viel Kilogramm sind 3 000 g Kartoffeln?	**2)** 2 kg
c) Wie viel Gramm sind 130 ml?	**3)** 1 kg
d) Wie viel Gramm sind 3/4 Pfund?	**4)** 0,250 kg
e) Was wiegt ein EL Öl in Gramm?	**5)** 500 g
f) Wie schwer sind 3 El Mehl in Kilogramm?	**6)** 3 kg
g) Was sind 300 ml in Kilogramm?	**7)** 0,750 kg
h) Wie viel wiegt ein Teller Suppe in Gramm?	**8)** 125 g
i) Wie viel wiegt ein Teelöffel Backpulver in Gramm?	**9)** 10 g
j) Wie viel kg Paniermehl ist ein Esslöffel?	**10)** 375 g
k) Wie viele Milliliter sind 3/4 kg?	**11)** 1500 ml
l) 1,5 kg sind wie viel Milliliter?	**12)** 750 ml
m) 1 El Reis wiegt wie viel Gramm?	**13)** 3 g
n) 1/4 l wiegt wie viel Kilogramm?	**14)** 0,008 kg
o) 1000 g sind wie viel Kilogramm?	**15)** 0,5 kg
p) 1/8 l Flüssigkeit wiegt wie viel Gramm?	**16)** 15 g
q) 4 Pfund wiegen wie viel Kilogramm?	**17)** 0,030 kg
r) Ein Pfund Wurst wiegt wie viel Gramm?	**18)** ca. 250 g
s) Ein Tl Salz hat wie viel Gramm?	**19)** 2 g
t) Ein Pfund Brot hat wie viel Kilogramm?	**20)** 0,300 kg
u) 4 Kilogramm Kaffee sind wie viel Gramm?	**21)** 4000 g
v) 750 ml sind wie viel Kilogramm?	**22)** 130 g
w) 1 Schnapsglas mit Flüssigkeit hat ca. wie viel Gramm?	**23)** 5 g

KOHL VERLAG Der Verlag mit dem Baum
Lernwerkstatt Ernährung in der Schule - Bestell-Nr. 11 499

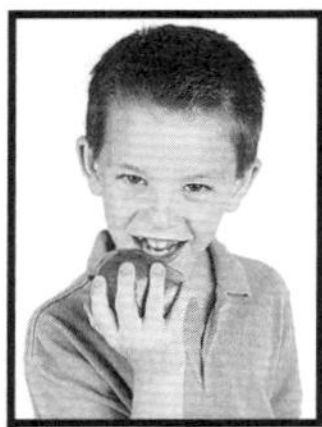

XVI. Versuche zur Ernährung

EA

Mache die nachfolgenden Versuche nie allein! Immer nur unter Aufsicht einer Lehrperson.

- **Kaltes, heißes und warmes Wasser**

Versuch	Was stellst Du fest?
Löse in einer Tasse a) mit kaltem Wasser b) mit heißem Wasser einen TL löslichen Kaffee.	
Vermische in einem Becher 100 ml kaltes Wasser, 1 Tl frische Hefe, 2 Tl Zucker. Das Gemisch 10 Min. in den Kühlschrank stellen.	
Vermische 100 ml heißes Wasser, 1 Tl frische Hefe, 2 Tl Zucker. Die Mischung für 10 Min. in ein Wasserbad mit 36°C stellen.	
Vermische 100 ml Wasser, 1 Tl Hefe. Die Mischung für 10 Min. in ein Wasserbad mit 36°C stellen.	
Vermische 100 ml Wasser, (lauwarm) 1 Tl Hefe, 70 g Zucker. Die Mischung für 10 Min. in ein Wasserbad mit 36°C stellen.	

KOHL VERLAG Der Verlag mit dem Baum
Lernwerkstatt Ernährung in der Schule - Bestell-Nr. 11 499

XVI. Versuche zur Ernährung

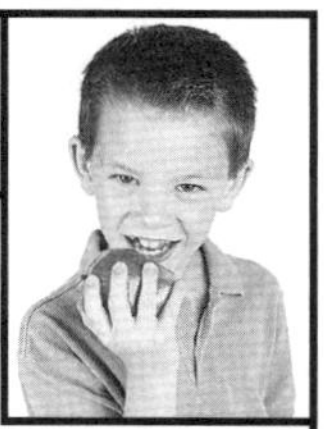

6

Vermische in einem Glas 1 Tl Hefe und 2 Tl Zucker und stelle die Mischung für 10 Min. in ein Wasserbad mit 36°C.

7

Vermische in einem Glas 100 ml lauwarmes Wasser, 1 Tl Hefe und 2 Tl Zucker und stelle die Mischung für 10 Min. in ein Wasserbad mit 36°C.

- **Zucker - Süßkraft und Löslichkeit**

8

Stelle durch individuelles Abschmecken fest welche Süßkraft Haushaltszucker, Malzzucker, Fruchtzucker und Traubenzucker haben. Erstelle eine Rangfolge!

9

Löse 2 Tl Zucker in einem Glas mit kaltem Wasser auf.

10

Löse 2 Tl Zucker in einem Glas mit heißem Wasser auf.

- **Löslichkeit von Fett**

11

Vermische in einem Becher durch Schütteln 1 El ÖL und 1 El lauwarmes Wasser.

KOHL VERLAG Der Verlag mit dem Baum
Lernwerkstatt Ernährung in der Schule - Bestell-Nr. 11 499

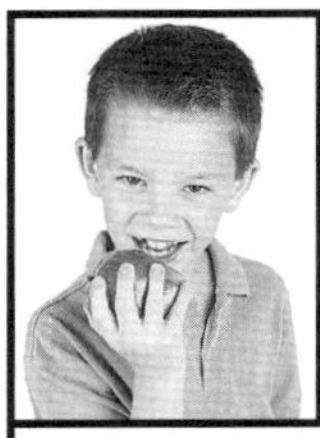

XVII. Lösungen

Kapitel I Das gesunde Pausebrot

1.

a) Manche Schüler kommen ohne Frühstück in die Schule.
b) Die Schulkinder sollten immer schon gefrühstückt haben, damit sie fit und leistungsfähig sind und für Anforderungen der Schule genug Energie haben.
c) Das Wichtigste ist eine große Vielfalt und Ausgewogenheit in dem Angebot.
d) Beste Erfahrungen wurden mit Vollkornbrot, Butter oder Quark, Käse und Rohkost gemacht.
e) Sie liefern genug Energie für die Anforderungen in Schule und Kindergarten, weil sie genug Nährstoffe liefern.
f) Damit es bei den Kids nicht durch Flüssigkeitsmangel zu Müdigkeit und Leistungsabfall kommt.

2. Die Nahrungspyramide sagt uns, wie viel wir von den einzelnen Lebensmitteln essen sollen.

3.

Basis: Wasser, Kaffee, Fruchtsaftschorle, Tee, Getränke.
Dann: Salat, Paprika, Banane, Zitrone, Karotte.
Dann: Brot, Semmel, Knäckebrot.
Dann: Milch, Fisch, Fleisch, Eier, Huhn.
Dann: Butter, Margarine, Praline, Schokolade.

4.

1. Fach: Unbedenklich genießen;
2. Fach: Reichlich und nach Herzenslust essen;
3. Fach: Sich nach Appetit bedienen;
4. Fach: Nicht zu reichlich nehmen und auf den Fettgehalt achten;
5. Fach: Alles sehr sparsam bis überhaupt nicht für Schulfrühstück verwenden.

Kapitel II Tischsitten

1.

Richtig: a, d, e, i
Falsch: b, c, f, g, h, j

Kapitel III Man ist, was man isst!

1. Individuelle Lösungen.

2.

a) Der Geschmack von Kindern ist meistens süß.
b) Faktoren wie Umwelt, Familie, Erziehung und Traditionen beeinflussen das Essverhalten des Kindes.
c) Kinder müssen gesund ernährt werden.
d) Vorlieben, Werteeinstellungen, Freizeitverhalten, Kleidung, Wohnungseinrichtung u.a. wirken sich mit der Zeit auf das Essverhalten aus.

3. Man sollte darauf achten, dass man für die Kinder ein Vorbild ist. Werden in einer Familie z.B. keine Salate, Gemüse oder frisches Obst gegessen, so wird das Kind auch später Salat und Gemüse meiden.

4. Individuelle Lösungen.

Kapitel IV Die verschiedenen Esstypen

1.

a) Den 1.Fitness-Fan, 2. Öko-Fan und 3. Fastfood-Fan.
b) Der Fitness-Fan isst nur um gute Leistungen zu bringen. Der Öko-Freak will nachhaltig und genussvoll essen und leben. Der Fastfood-Fan isst nach dem Lustprinzip.
c) Sie wollen schnelles Essen und das möglichst billig. Sie essen „Currywurst", „Yufka", „Pizza", „Pommes" und süße Riegel.
d) Denen die Gesundheit besonders wichtig ist, bevorzugen gesunde Kost. Sie essen viel Obst, Gemüse und Vollkornprodukte, wenig oder gar kein Fleisch und äußerst wenig Fett.
e) Sie essen Vollkornprodukte, mageres Fleisch, Fisch, Müsli, Obst und trinken Isodrinks und nehmen auch mal Vitamintabletten.
f) Aussagen für Spaßesser: „Essen passiert so nebenbei!" „Wir essen immer dann, wenn wir Hunger haben!" „Ich geh gern mal zu McDonalds oder Burgerking!" „Essen darf nicht zu aufwendig sein!" „Meist essen wir vorm Fernseher!" „Ich esse am liebsten aus der Hand!"
g) „Essen ist der pure Genuss!" „Mich freut ein schön gedeckter Tisch, denn das Auge isst bekanntlich auch mit!"
h) „Keine Experimente beim Essen!", „Ich zähle meist die Kalorien!", „Wir ernähren uns streng biologisch!"
i) Die Ernährung sollte ausgewogen sein und man sollte sich vielseitig, frisch und gesund ernähren.

2. Individuelle Lösungen.

XVII. Lösungen

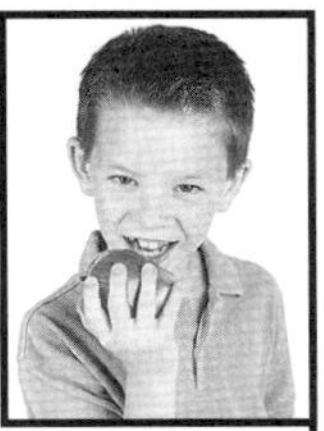

Kapitel V Küchenlatein – ich versteh ja nix!

1. Zusammengehörende Paare:

01 - 04
02 - 07
03 - 14
04 - 11
05 - 08
06 - 15
07 - 01
08 - 12
09 - 13
10 - 05
11 - 03
12 - 02
13 - 09
14 - 06
15 - 10

Kapitel VI Hygiene beim Kochen und in der Schulküche

1.

a) Es müssen die persönliche Hygiene und die Lebensmittelhygiene beachtet werden.
b) Zum Bereich der persönlichen Hygiene zählt, dass ich mir die Hände wasche, meine Haare nicht anfasse, meine Wunden versorge und den Schmuck ablege. Auch mein Arbeitsplatz muss sauber sein.
c) Zum Bereich der Lebensmittelhygiene gehört, dass ich die Lebensmittel gut gekühlt habe, dass meine Arbeitssachen sauber sind und ich Übertragungen zwischen den Lebensmitteln vermeide. Außerdem muss ich für das Probieren immer einen neuen Löffel nehmen.
d) Aller Schmuck muss abgelegt werden. Meine Haare muss ich zusammenbinden oder ich trage ein Kopftuch. Außerdem soll ich eine saubere Schürze tragen.

2. Wenn ich in der Küche arbeite, darf ich nicht krank sein, denn dadurch könnte ich andere anstecken. Meine Haare darf ich nicht anfassen, deshalb ist es besser ein Kopftuch oder ähnliches zu tragen. Auch wenn ich eine Verletzung habe, muss ich mich darum kümmern, indem ich die Wunde wasserdicht verschließe. Damit ich hygienisch arbeiten kann, muss ich die Arbeitsfläche vor und nach der Zubereitung von Essen reinigen. Lebensmittel, auf die ich besonders achten muss sind neben rohem Fleisch die Tiefkühlprodukte. Ich sollte diese Lebensmittel immer kühlen. Wenn ich die Speisen probieren möchte, muss ich immer einen sauberen Löffel benutzen! Ich darf Essen, das für andere bestimmt ist, niemals mit den Fingern anfassen.

3. Folgende Aussagen sind richtig:

Ich muss meine Hände waschen, wenn ich beim Kochen meine Haare angefasst habe.
Wenn ich krank bin, darf ich nicht in der Küche arbeiten.
Wenn ich einen Kratzer an der Hand habe, ist das egal beim Kochen.
Speisereste und Feuchtigkeit sind Nährboden für Keime.
Arbeitshandschuhe aus Latex können auch Verletzungen verschließen.

4. Individuelle Lösungen.

Kapitel VII Was sagt die DGE zur idealen Ernährung?

1.

a) Wir sollten mehrmals täglich Getreideprodukte essen.
b) Die DGE meint, dass man 5 x am Tag Obst und Gemüse zu sich nehmen soll, um gesund zu bleiben.
c) Man sollte 5 kleine Portionen Gemüse oder Obst, frisch und wenig gegart essen.
d) Es gibt keine Lebensmittel, die wir meiden müssen.
e) Getreideprodukte enthalten kaum Fett aber viele wichtige Vitamine, Mineralstoffe sowie Ballaststoffe.
f) Ich sollte 1,5 l am Tag trinken.
g) Ich sollte auf Zucker und Süßstoff verzichten, denn in vielen Lebensmitteln sind diese Stoffe bereits enthalten
h) Die DGE, deutsche Gesellschaft für Ernährungswissenschaften, empfiehlt eine ausgewogene Ernährung, bei der keine Lebensmittel vermieden werden. Sie empfehlen uns mehrfach am Tag Getreideprodukte, wie Brot oder Nudeln zu essen. Sie enthalten kaum Fett, sind aber sehr vitaminreich. Fünfmal am Tag sollten wir kleine Portionen Obst und Gemüse essen. Dadurch können wir unsere Gesundheit stärken. Milch und Milchprodukte sind ebenfalls wichtige Nahrungsmittel, denn sie enthalten das wichtige Calcium, das wir für unsere Knochen und Zähne brauchen. Außerdem sollten wir 1,5 Liter am Tag trinken. Am besten Wasser, Saftschorlen oder Tees.

KOHL VERLAG Der Verlag mit dem Baum
Lernwerkstatt Ernährung in der Schule - Bestell-Nr. 11 499

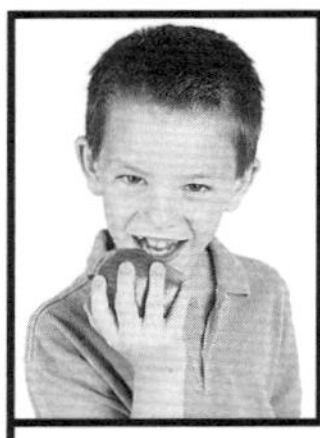

XVII. Lösungen

Kapitel VIII Wer braucht mehr Energie?

1.

a) Marvin, weil ein jüngerer Mensch gegenüber einem älteren Menschen einen höheren Energiebedarf hat.
b) Paula, weil sie größer ist als Annika.
c) Emily, weil sie sich mehr bewegt als Basti.
d) Julian, denn er friert.
e) Heiko, denn Jungen (Männer) haben einen höheren Energiebedarf als Mädchen (Frauen).

Kapitel IX Unsere Lebensmittel und ihre Nährstoffe

1.

Viel Fett: (2) Käse, (3) Sahnetorte, (12) Fleisch, (8) Sonnenblumenkernöl, (16) Wurst, (19) Erdnüsse

Viel Eiweiß: (1) Huhn (nur Fleisch), (2) Käse, (12) Fleisch, (9) Milch, (11) Ei (nur Eigelb), (19) Erdnüsse

Viele Kohlehydrate: (5) Brötchen, (6) Kartoffel, (7) Getreide, (14) Nudeln

Kapitel X Mehr oder weniger

1.

a) Banane
b) Orangensaft
c) Kroketten
d) Gorgonzola
e) Brötchen
f) Bratwurst
g) Bismarckhering
h) Kakao
i) Butter
j) Erdnüsse
k) Spargelcremesuppe
l) Schweineschnitzel
m) Milch
n) Schwarzwälder Kirschtorte
o) Wurstsalat
p) Rosenkohl
q) Fruchtsaft
r) Mais
s) Pommes frites
t) Emmentaler
u) Schokolade
v) Fenchel
w) Cornflakes
x) Mürbeteig

Kapitel XII Berufe zur Ernährung

1.

a) Die verschiedenen Bauern der Pflanzen- und Tierproduktion, der Metzger und der Bäcker/Konditor.
b) Die Bauern - für Hackfruchtanbau, Maisanbau, Getreideanbau, Obstanbau, Weinanbau, Hülsenfrüchte, Ölfrüchte, Milchviehhaltung, Rinderzucht, Schweinezucht, Geflügelzucht, Schafzucht, Pferdezucht u.a.
c) Wir haben noch über den Metzger und den Bäcker/Konditor etwas erfahren.
d) Beim Fleischer oder Metzger steht nicht mehr das Schlachten sondern die Fleisch- und Wurstproduktion im Vordergrund. Der Bäcker verdient sein Geld damit, dass er Brote, Brötchen, Backwaren und Kleingebäck backt. Der Konditor stellt keine Brotwaren her, sondern süße Sachen.
e) Alle drei Berufe sind heute sogenannte Ausbildungsberufe.

XVII. Lösungen

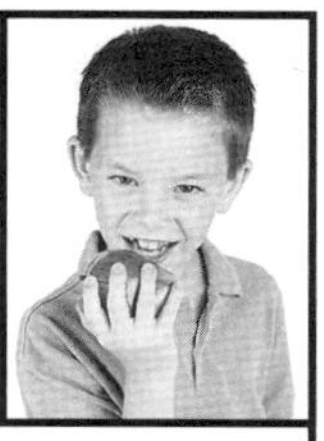

Kapitel XIII Nahrung und Sinne

1.

a) Beim Essen werden fast alle sensorischen Systeme angesprochen. Dies kommt daher, dass in unserer Nahrung so viele Stoffe enthalten sind.
b) Mit den Augen erkennen wir den Zustand des Lebensmittels, ist es reif, ist es frisch? Frische Lebensmittel mit kräftigen Farben regen unseren Appetit an.
c) Die Nase unterstützt unsere Zunge mit der Fähigkeit zu riechen.
d) Unsere Hände brauchen wir, um den Zustand des Lebensmittels zu erfühlen, denn durch die Konsistenz des Nahrungsmittels wird ebenfalls unser Appetit angeregt.
e) Die Nase ermöglicht Abstufungen in Geschmacksrichtungen, speichert Geruchsrichtungen und verknüpft diese mit Geschmäcken.
f) Die Ohren beeinflussen unser Essen ebenfalls, da wir Geräusche abgespeichert haben, die wir Lebensmitteln zugeordnet haben.

Kapitel XIV Wie schreibt man das richtig?

1.

a) Majonäse
b) Porree
c) Konfitüre
d) Weizenschrot
e) Himbeersaft
f) Spaghettisoße
g) Erdbeerparfait
h) Kohlrabi
i) Schokolade
j) Bouillonwürfel
k) Magerquark
l) Vanillemilch
m) Paniermehl

Lösungswort: **MINERALWASSER**

Kapitel XVI Gewichte über Gewichte

1.

Zusammengehörende Paare:

a) - 19)
b) - 6)
c) - 22)
d) - 10)
e) - 9)
f) - 17)
g) - 20)
h) - 18)
i) - 13)
j) - 14)
k) - 12)
l) - 11)
m) - 16)
n) - 4)
o) - 3)
p) - 8)
q) - 2)
r) - 5)
s) - 23)
t) - 15)
u) - 21)
v) - 7)
w) - 1)

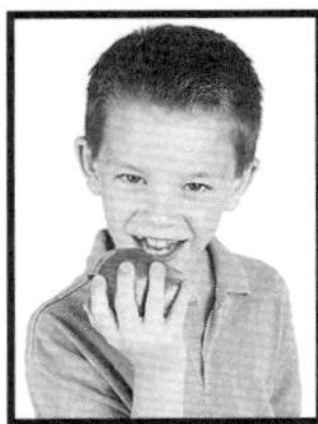

XVII. Lösungen

Kapitel XVII Versuche zur Ernährung

1.

Nr.:	Versuch:	Ergebnis:	Hinweis:
1	Löse in einer Tasse a) mit kaltem Wasser b) mit heißem Wasser einen TL löslichen Kaffee.	In heißem Wasser löst sich der Kaffee schneller als in kaltem Wasser.	Heißes Wasser kann besser und schneller lösen als kaltes Wasser. 1.) Kaffee nur mit heißem Wasser aufbrühen. 2.) Fleisch, das gekocht werden soll in heißem Wasser, Suppenfleisch in kaltem Wasser aufsetzen.
2	100 ml kaltes Wasser, 1 TL frische Hefe, 1 TL Zucker. Das Gemisch in den Kühlschrank stellen.	Am Gemisch ändert sich nichts. Es passiert nichts.	Hefeteig nie mit kalter Flüssigkeit anrühren.
3	100 ml heißes Wasser, 1 TL frische Hefe, 1 TL Zucker.	wie oben	Hefeteig nie mit heißer Flüssigkeit anrühren.
4	100 ml Wasser, 1 TL Hefe, alles 10 Minuten ins Wasserbad mit 36° C stellen.	wie oben	Hefeteig nie mit Zucker oder Mehl ansetzen.
5	100 ml Wasser, 100 g Zucker, 1 TL frische Hefe, alles 10 Minuten ins Wasserbad mit 36° C stellen.	Volumen nimmt nur gering zu. Zucker entzieht den Hefepilzen Wasser.	Immer Zuckermenge im Hefeteig-Rezept beachten.
6	1 TL frische Hefe, 1 TL Zucker, alles 10 Minuten ins Wasserbad mit 36°C stellen.	Es passiert nichts, denn Hefepilze brauchen Wasser.	Hefeteig kann nur mit Flüssigkeit angesetzt werden.
7	100 ml lauwarmes Wasser, 1 TL frische Hefe, 1 TL Zucker, alles 10 Minuten ins Wasserbad mit 36°C stellen.	Volumen nimmt stark zu, denn es sind sehr gute Bedingungen.	Beim Hefeteig sollten die Zutaten warm, aber keinesfalls heiß sein. Zugluft unbedingt vermeiden.
8	Die unterschiedliche Süßkraft von Haushaltszucker, Fruchtzucker, Traubenzucker und Malzzucker soll festgestellt werden.	1. Fruchtzucker 2. Haushaltszucker 3. Traubenzucker 4. Malzzucker	Bei Verwendung von Fruchtzucker muss die Menge des Zuckers in den Rezepten reduziert werden.
9	1 TL Zucker in kaltes Wasser	Zucker löst sich langsam	Je wärmer das Wasser, umso besser löst sich der Zucker. Zucker immer in warme Speisen einrühren.
10	1 TL Zucker in heißes Wasser	Zucker löst sich schnell	Zucker immer in warme Speisen einrühren.
11	Vermische in einem Becher durch Schütteln 1 EL Öl und 1 EL lauwarmes Wasser.	Fett ist wasserunlöslich und das Wasser wird vom Öl abgestoßen. Öl schwimmt auf dem Wasser.	Man kann gut das Öl von Soßen und Suppen abschöpfen, da es sich oben absetzt.

Das Leben auf dem Land

Inhalt: *Alltag der Landwirte, früher - heute, Monokultur oder Fruchtfolge, Maschinen und moderne Technik, Arbeitsgeräte vor 200 Jahren, Bauernregeln ...); Tiere auf dem Bauernhof (Rind, Kuh, Schwein, Schaf, Huhn, Ziege, Gans, Tierfutter, Ökologische Tierhaltung, Massentierhaltung ...); Erzeugnisse vom Bauernhof (Getreide, Kartoffel, Rüben ...) u.v.m.*

52 Seiten

Buch	Nr. 10 704	14,80 €
PDF	Nr. P10 704	11,99 €

Altersstufe 3.-4. Schuljahr

Der Bauernhof

Inhalt: *Felder und Wiesen; Arbeit der Bauern; Landwirte früher und heute; Pflanzen (Getreide, vom Korn zum Brot, Kartoffeln, Gras und Heu, Düngen ...); Die Tiere (Tierfamilien und -stimmen, Rind, Schwein, Schaf, Ziege, Pferd, Hühner, Gänse und Enten ...); Arbeitsgeräte; Der Jahreslauf; Bauernregeln; Rätseln, basteln und singen rund um den Bauernhof u.v.m.*

72 Seiten

Buch	Nr. 11 181	17,80 €
PDF	Nr. P11 181	14,49 €

Altersstufe 2.-4. Schuljahr

Lebensraum Moor

NEU

Von der Entstehung bis zum Torfabbau

Das Moor ist ein ganz besonderer Lebensraum, es ist eine ökologische Übergangszone zwischen Land und Wasser. Hier werden Hoch-, Zwischen- und Niedermoor erklärt. Es gibt Informationen über die Tier- und Pflanzenwelt, über Moorleichen und Irrlichter, über erste Siedler und den heutigen Torfabbau. Die geheimnisvolle Welt des Moores wird erforscht!

48 Seiten

Buch	Nr. 11 606	14,80 €
PDF	Nr. P11 606	11,99 €

Altersstufe 3.-4. Schuljahr

Landwirtschaft früher & heute

Inhalt: *Wie es anfing; Landwirtschaft vor 1300 Jahren; So schön war Landleben (Werkzeug und Maschinen); Können wir alle vom Hof leben?; Im 19. Jhdt. und danach; Heuerlinge in Norddeutschland; Landwirtschaft im 20. Jhdt.; Im Nebenerwerb Hollandgänger; Schwabenkinder; Landwirtschaft im 21. Jhdt. (Tiere, Freizeit, Touristen, Schweine, Biogas-Anlage ...) u.v.m.*

64 Seiten

Buch	Nr. 10 789	15,80 €
PDF	Nr. P10 789	12,49 €

Altersstufe 3.-4. Schuljahr

Unsere Jahreszeiten

Den Frühling kennen lernen

Inhalt: *Frühblüher; Tulpen; Treibhaus im Klassenzimmer; Vorratsspeicher der Frühblüher; Tiere im Frühling; Frühlingswetter; Frühlingsbasteleien; Feste und Bräuche; Kreatives rund um Ostern; Frühlingsgefühle; Gedichte-, Schmetterlings- & Märchen-Ecke; Kinderküche im Frühling; Osterkartenbasteln; Frühlingsgedichte; Das große Frühlings-Kreuzworträtsel*

40 Seiten

Buch	Nr. 10 792	13,80 €
PDF	Nr. P10 792	10,99 €

Altersstufe 3.-4. Schuljahr

Den Sommer kennen lernen

Inhalt: *Der Sommer ist da!; Sommer, Sonne, Freizeit, Spaß; Zuviel Sonne kann schädlich sein!; Badevergnügen (Badeausflug mit Folgen ...); Die großen Ferien; Sommerwetter (Bauernregeln, Gewitter, Verhalten bei Gewitter); Die Sonnenuhr; Sommergeschichten & -gedichte; Ein Erdbeertag; Sommergetränke; Kunst-Ecke, Kreative Sommer-Ideen u.v.m.*

40 Seiten

Buch	Nr. 10 703	13,80 €
PDF	Nr. P10 703	10,99 €

Altersstufe 3.-4. Schuljahr

Den Herbst kennen lernen

Inhalt: *Der Herbst ist da!; Bunte Blättervielfalt; Wintervorbereitungen; Herbstwetter; Aktivitäten rund um den Herbst; Kastanien & Co.; Herbstcollage; Getreide; Brauchtum; Bastelecke; Weinlese; Herbstspeisen; Gedichte über den Herbst; Die Kartoffel*

44 Seiten

Buch	Nr. 10 790	13,80 €
PDF	Nr. P10 790	10,99 €

Altersstufe 3.-4. Schuljahr

Den Winter kennen lernen

Inhalt: *Die Wintermonate; Mensch und Winter; Tiere im Winter; Blühende Pflanzen im Winter; Winterwetter; Spaß im Schnee; Sternenspaziergang; Advents- & Weihnachtszeit; Der Jahreswechsel; Dreikönigsfest; Karneval, Fasching & Fastnacht; Wintergedichte; Essen und Trinken in der Weihnachtszeit; Der Nikolaushampelmann; Winter-Kreuzworträtsel u.v.m.*

40 Seiten

Buch	Nr. 10 791	13,80 €
PDF	Nr. P10 791	10,99 €

Altersstufe 3.-4. Schuljahr

Der Jahreskreis oder: Unsere Jahreszeiten

Inhalt: *Der Jahreskreis; Frühling (Hefehasen, Frühlingsgedicht, Ostern ...); Sommer (Sommerbilder, Am Bach, Wasser ist Kraft ...); Herbst (Kürbissuppe ...); Winter (Polarnacht ...); Die „fünfte Jahreszeit" (Karneval, Narren, Hexen ...) u.v.m.*

56 Seiten

Buch	Nr. 10 876	14,80 €
PDF	Nr. P10 876	11,99 €

Altersstufe 2.-4. Schuljahr

Hexen und Halloween

Inhalt: *Feste im Herbst; Getreide- & Kartoffelernte; Michaelis-Fest; Erntedankfest, Reformationstag, Halloween, Kürbisse, Kürbisgesichter, Fledermäuse; Hexen (Stabpuppenhexe, Hexenhut, Hexentanz, Hexenplätzchen backen, Gespenster); Der November (Was geschieht mit der Natur im Herbst?, Sankt Martin, Martinslied, Thanksgiving) u.v.m.*

64 Seiten

Buch	Nr. 11 019	16,80 €
PDF	Nr. P11 019	13,49 €

Altersstufe 3.-4. Schuljahr

Weihnachten

Inhalt: *Weihnachtsmonat; Erster Advent (Erfinder des Adventskranzes, Bratäpfel ...); Zweiter Advent (Elfchen zum Advent, Zimtsterne und Haferplätzchen ...); Dritter Advent (Vom Sinn des Schenkens; Kleine Geschenke basteln); Vierter Advent (Fichte oder Tanne?, Winteranfang ...); Der Heilige Abend (Weihnachten in anderen Ländern ...); Raunächte u.v.m.*

60 Seiten

Buch	Nr. 11 283	15,80 €
PDF	Nr. P11 283	12,49 €

Altersstufe 2.-4. Schuljahr

Der Jahreszeitentisch

Inhalt: Gemeinsames Gestalten, Basteln und Arrangieren macht Freude. Im Laufe des Jahres erleben die Kinder die Natur auf kleinstem Raum und lernen wichtige Zusammenhänge kennen – ganz im Sinne Rudolf Steiners und der Waldorfpädagogik. Ein Stück Natur zum Anfassen kommt ins Zimmer z.B. mit König Winter, Mutter Erde und den Blumenkindern.

48 Seiten

Buch	Nr. 11 505	14,80 €
PDF	Nr. P11 505	11,99 €

Altersstufe 1.-4. Schuljahr

Rund um den Menschen

Sexualerziehung in der GS

Inhalt: *Mädchen und Jungen, Männer und Frauen (Geschlechtsrollen, Geschlechtsorgane, Typische Mann/Frau ...); Freundschaft, Liebe, Partnerschaft (Verliebt, Vertrauen, Miteinander schlafen; Schütze dich!); Die Pubertät; Von zwei winzigen Zellen zum niedlichen Säugling (Ein Kind entsteht, Geburt ...); Kinder haben Rechte; Mein Buch zur Sexualität u.v.m.*

52 Seiten

	Nr. 10 853	15,80 €
PDF	Nr. P10 853	12,49 €

Altersstufe: 2.-4. Schuljahr

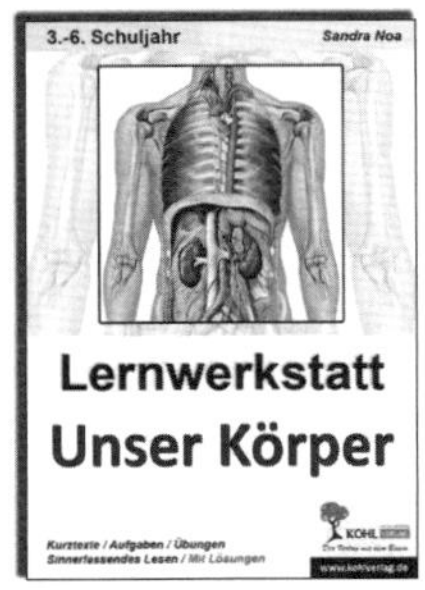

Unser Körper

Inhalt: *Mein Körper (Körperteile, Skelett, Zähne ...); So bi ich entstanden (Fortpflanzung, Embryo im Mutterleib, Baby Zellen, Haare ...); So funktioniert mein Körper (Gehirn, Her und Blutkreislauf, Lunge und Atmung, Muskeln, Verdauung, Sinne (Sehen, Brille, Hören, Schmecken, Riechen, Fühle ...); Gesundheit (Immunsystem, Blutkörperchen, Bewegung Erste Hilfe) u.v.m.*

52 Seiten

	Nr. 10 729	15,80 €
PDF	Nr. P10 729	12,49 €

Altersstufe: 3.-4. Schuljahr

Scheidungskinder

Inhalt: *Scheidungskinder; Familienformen und ihre Bedeutung für Kinder (Alleinerziehende, Patchwork, Waisenkinder, Singles ...); Probleme in Beziehungen - Konsequenzen für Kinder; Das ist meine Familie; Meine wichtigsten Menschen; Das Familien-Mobile; Familien-Memory; Kreuzworträtsel: Meine Familie; Wie sieht ein Tag in deiner Familie aus? u.v.m.*

48 Seiten

	Nr. 11 238	14,80 €
PDF	Nr. P11 238	11,99 €

Altersstufe: 4. Schuljahr

Unsere Zähne

Inhalt: *Milchgebiss; Woraus ein Zahn besteht; Aufbau de Zähne; Das machen Zähne; Kleiner Milchzahn; Zähne pu zen; Wie fühlen sich deine Zähne; Zahnpasta, Ka und Rie greifen an; Was mögen Zähne?; Gesunde Lebensmittel; Ge sunde Zähne; Zahnpflege; Beim Zahnarzt; Zähne versiegel Wackelzähne; Zahn-Memory; Zahn-Kreuzworträtsel; Zahr Gedichte u.v.m.*

48 Seiten

	Nr. 11 239	14,80 €
PDF	Nr. P11 239	11,99 €

Altersstufe: 1.-4. Schuljahr

Gesundheit

Gesund leben – gesund bleiben

Inhalt: *Was gehört zur Gesundheit?; Krank sein - was ist das?; Mikroben, Kinderkrankheiten, Allergien; Hygiene und Sauberkeit, Händewaschen, Kopfläuse; Gesundheit rund um die Schule (Schulstress, Prüfungsangst, Mobbing ...); Schlaf; Nahrung; Nahrungspyramide u.v.m.*

64 Seiten

	Nr. 11 353	16,80 €
PDF	Nr. P11 353	13,49 €

Altersstufe: 3.-4. Schuljahr

Ernährung in der Schule

Inhalt: *Gemeinsam essen; Tischsitten; Obst & Gemüs Wasser und andere Getränke; Gesundes Pausenbro Ernährung in verschiedenen Kulturen; Ernährung mac stark!; Gesunde Ernährung; Vegetarier; Veganer; Nahrun und Sinne; Naturprodukte je nach Region; Berufe rund u unsere Nahrung; Ernährung im Wandel der Zeit u.v.m.*

64 Seiten

	Nr. 11 499	16,80 €
PDF	Nr. P11 499	13,49 €

Altersstufe: 1.-4. Schuljahr

Grundlagen unserer Ernährung

Inhalt: *Eiweiß; Fett; Kohlenhydrate; Vitamine; Wasser & Ballaststoffe; Worin die Stoffe vorkommen; Wozu wir die Stoffe benötigen und was im Körper geschieht; Was, wenn es zur Unterversorgung kommt?; Mit praktischer Nährstoffscheibe als Bastelvorlage u.v.m.*

56 Seiten

	Nr. 10 747	15,80 €
PDF	Nr. P10 747	12,49 €

Altersstufe: 4. Schuljahr

Ernährung im Alltag

Inhalt: *Daraus besteht mein Körper; Wann sind wir lei tungsfähig und wie bleiben wir es?; Was macht unser Kö per mit den Lebensmitteln?; Zubereitungstechniken; D Garungsarten; Inhaltsstoffe unserer Nahrung; Mit Näh stoffscheibe als Bastelvorlage u.v.m.*

64 Seiten

	Nr. 10 820	15,80 €
PDF	Nr. P10 820	12,49 €

Altersstufe: 4. Schuljahr

Hilfe! Es brennt!

Brandschutz in der Schule

Inhalt: *Geschichte der Feuerbekämpfung; Wenn es brennt (Lagerfeuer, Brandrauch, Großbrand ...); Entstehung des Feuerlöschwesens; Ausrüstung & Aufgaben der Feuerwehr (Ausrüstung des Feuerwehrmanns, Rettung mit der Drehleiter ...); Gefahren vor, während und nach Bränden (Grillunfälle, Gefahrenquellen ...); Freiwillige Feuerwehr; Rund ums Feuer u.v.m.*

64 Seiten

	Nr. 11 068	16,80 €
PDF	Nr. P11 068	13,49 €

Altersstufe: 3.-4. Schuljahr

Feuerlöscher

Brandschutz in der Schule

Wissen, das Leben rettet!

Wie können Brände verhindert bzw. gelöscht werden Funktion und Einsatz des Feuerlöschers u.v.m.

Inhalt: *Feuerlöscher; Geschichte des Feuerlöschers; Be standteile eines Feuerlöschers; Der richtige Feuerlösche (je nach Brand); Korrekte Bedienung eines Feuerlöscher u.v.m.*

72 Seiten

	Nr. 11 470	17,80 €
PDF	Nr. P11 470	14,49 €

Altersstufe: 3.-4. Schuljahr

Meine Umgebung

NEU

Inhalt: *Meine Umgebung, mein Schulweg, meine Schulumgebung, meine Freizeitaktivitäten, Kartenverständnis, Orientierung im Stadtplan, Himmelsrichtungen, GPS, Ich in meiner Gemeinde, mein Landkreis, Wohnort, Gemeinde, geographische, wirtschaftliche, politische und kulturelle Gegebenheiten u.v.m.*

Lieferbar ab Sommer 2014

48 Seiten

	Nr. 11 559	14,80 €
PDF	Nr. P11 559	11,99 €

Altersstufe: 2.-4. Schuljahr

Verkehrserziehung

Inhalt: *Mitten im Verkehr (Beobachten und reagieren, de Verkehrsspielplatz ...); Verkehrszeichen (Schilderwal Ampeln, Schilder-Sudoku ...); Zu Fuß unterwegs (Über di Straße, Links oder rechts?, Schulweg, Achtung, Gefahr Fußgängerdiplom ...); Auf Rädern (Das verkehrssichere Ra Anfahren, Abbiegen, Radfahr-Parcours); Mitfahren (Währen der Fahrt ...) u.v.m.*

56 Seiten

	Nr. 10 917	14,80 €
PDF	Nr. P10 917	11,99 €

Altersstufe: 2.-4. Schuljahr